モン・サン=ミシェルの修道女
四季の食事とていねいな暮らし

ローランス・デュ・ティリー 著

松岡由希子 監修

AVANT-PROPOS
はじめに

2021年3月、コロナ禍によって生活が激変した1年を経て、わたしは日常生活から抜け出して立ちどまりたい、何日かこもりたいという強い衝動に駆られました。自分を見つめ直し、そして、自分らしさを改めて見出したいと思ったのです。

かねてより、モン・サン＝ミシェルの女子修道会が、リトリート*希望者を受け入れているという話は聞いていました。モン・サン＝ミシェルを訪れるたびに、修道女たちが集う姿を背後から目にし、修道院の中にこだまする歌声を聴いては、神の恵みに触れる心地になったものでした。

この "おこもり" で、修道女たちの真の姿を知り得たのは、驚き以外のなにものでもありませんでした。そのおもてなしの心、気取りのなさ、生きる喜びにあふれたたたずまい、誠実な対応に、わたしはたちまち魅了されました。ゲストひとりひとりをていねいに迎える姿に心打たれ、愛に満ちた生活を少しでも分かちあえたこと、そして、修道女たちが交代で用意する食事をともにできたことに満たされました。

けれど、修道女たちと夕食の最後に交わしたささいな会話が、本書を作るきっかけになるとは夢にも思っていませんでした。わたしはレシピを教えてほしいとお願いし、自分が料理スタイリストやライフスタイリストの仕事をしていると告げました。すると、修道女たちの目はパッと輝き、「求めよ、さらば与えられん、だわ」と言われました。

*日常から離れた環境に身をおき、自分と向きあいながら、心身を癒す過ごし方のこと。

実は、モン・サン＝ミシェルに足しげくかよい、本書の序文を手がけたノエル・ブノワは、2020年の夏の盛りに修道女たちと食事をともにしたあと、その素晴らしいレシピを本にまとめるべきだと彼女たちにすすめていたのです。レシピ本の構想は、女子修道院長のシスター・エミリーが心の中で長年温めていたものでした。本にまとめたいという思いは強く、シンプルで本物、家庭的で愛情豊かなレシピはその時すでに書き留められていましたが、それを形にする術がなかったのです。そこでわたしは、この本の企画を一緒に実現しましょうと申し出ました。単なるレシピ本ではなく、わたしがこのリトリートで受け取ったものすべてを伝える手伝いをしたいと。修道女たちは「修道会の扉を開きましょう」と言ってくれました。そして、この出会いから、信頼に満ちた素晴らしい出版の冒険がアシェット社の協力のもと生まれたのです。

修道女たちが心を開いてくれるには、揺るぎない信頼関係を築く必要がありました。わたしは1年間、彼女たちの生活リズムと修道院の行事にあわせ、モン・サン＝ミシェルを訪れ、心に残る真実の写真を撮るべく、修道女が放つ静けさ、心の平和、喜び、純粋さ、やさしさ、厳粛さの入り交じった人となりを捉えようと試みました。ブノワが修道女たちとともに綴った序文は、モン・サン＝ミシェルを違った角度から見るための招待状でもあります。

ローランス・デュ・ティリー

SOMMAIRE
目次

〈本書のレシピについて〉
・小さじ1 = 5㎖、大さじ1 = 15㎖。
・卵はMサイズを使用。
・オーブンは機種によって温度と焼き時間に差が出るため、使用するオーブンにあわせて調整してください。
・本書に使われているパイ生地は直径31㎝の円形（230ｇ）です。日本では入手しづらいため、近いサイズの生地をこのサイズに切り、レシピを参考にしながら使用してください。

・本書で使用している型や皿などの道具や材料がない時は、近いもので代用してください。その場合、生地やフィリングがあまるなど分量に誤差が生じることがあります。あまったものは別途活用することをおすすめします。

〈本書の引用について〉
本書に掲載の引用はエルサレム・フランス聖書考古学院によるフランス語訳聖書に基づいています。

p.2-3 修道女の食卓は一年をとおして、モン・サン=ミシェルを訪れるゲストを寛大に迎え入れます。彼らは修道女たちを手本に、その穏やかで気取りのない食事のしきたりを尊重します。

p.6 湾沿いを散歩する修道女たち。2001年からモン・サン=ミシェル修道院は、エルサレム修道会が守っています。

p.9 愛情を込めて調理される修道女たちの料理は、美しくておいしい。

INTRODUCTION
序文 修道院への誘い

「つまり、魂が肉体に在るように、キリスト教徒は世界に在る」

『ディオグネトスへの手紙 (*Lettre à Diognète*)』

1975年にパリで設立されたエルサレム修道会は、清貧、貞潔、服従という理想によって結ばれた男子修道会と女子修道会から成り立っており、修道者たちは各地（大都市など世界十数か所）に居住しています。その拠点のひとつであるモン・サン＝ミシェルには、同修道会の30歳から70歳までの修道者（修道士と修道女あわせて十数人）が生活をともにしており、1日に3回集い、讃美歌を歌って祈りをささげます。また、それぞれの修道会が得意料理を持ち寄っての食事会など、年間をつうじて和気あいあいとした時間を過ごしています。
修道院での日常は、観想と活動に分かれています。聖書の学びや祈祷を介して、または礼拝の折に、ひとりあるいは皆で祈りをささげて神の魂と一体化するとともに、勤労奉仕や労働をとおして生活の糧を得ます。月曜日はいわゆる「安息の日」。日々のお勤めや労働から解放され、リラックスして過ごします。そのため、モン・サン＝ミシェルでは週のはじめにリトリート客を迎えることも、宗教儀式を行うこともありません。
訪問客を迎え入れることは、修道女たちの生活の大きな部分を占めています。礼拝に訪れる人、世界各地からの巡礼者、そして、休息や祈り、自分を見つめ直すための安らぎの場を求めてやってくるリトリート客をもてなすのです。
ひとりで、カップルで、家族で、あるいはグループで、リトリートの滞在期間は1晩から1週間。敬虔なカトリック教徒から神を求める人まで、体験したいことに応じて、修道女はモン・サン＝ミシェルでそれぞれの人にふさわしい場所を見つける手伝いをします。
修道女たちは（もちろん修道士も）、修道院の間借人であり管理人にすぎないことを自覚しています。エルサレム修道会の別の場所に移るよう、明日にも告げられるかもしれないのですから。

「わたしの岩である主をほめたたえん……。主はわたしの愛、わたしの砦」

『詩篇』143篇

この島の住人の半数は、修道士と修道女が占めていますが、モン・サン＝ミシェルを隅々まで知りつくしている人は、ごくわずかです。
修道院の中心部に位置する修道女の住まいは、湾を見おろす昔の住居棟の中にあります。ふもとから階段でつながっていて、その階段は段々畑になっており、道行く人の頭上に張り出しています。この緑の区画は勤労奉仕の場であり、花や野菜を栽培したり、精神的な成長について活発に議論したりするための空間です。
歳月と潮の満ち引きが生み出したモン・サン＝ミシェルとその湾の威容。修道女が活力を満たすには、体調の維持とバランスの取れた食事が必要です。

「味わい、知れ。主の恵みが深きことを」

『詩篇』33篇

聖書の中の約50の場面は、食事のシーンが舞台になっています。出会いの食事、饗宴の食事、裏切りの食事、犠牲の食事……。神はその存在を人間に示すために、しばしば食卓を選びます。修道女たちにとって、食事の準備をすることは、神の存在を身近に感じるための手段です。神は美しく、善なのです!

朝は賛課、夜は晩課、昼はミサと、各食事の前には必ず礼拝を行い、修道士と修道女たちは毎日、イエスの最後の食事を追体験します。パンは分かちあうために作られた贈り物であることを、常に念頭におきながら、食前の祈りと食後の感謝の祈りをささげるのです。

「天が下のすべての事には季節があり、すべてのわざには時がある」

『コヘレトの言葉』第3章1節

修道女の食卓は、季節と典礼暦によって変化します。典礼暦は、一年の大半の日である平時、数多く存在する祝祭日、そしてその準備のための断食日の3つの期間に分けられます。それぞれの期間の重要性は、献立の違いによって差別化され、肉体、魂、精神の一体感をさらに強めているのです。

祝祭日にはぜいたくな献立に、音楽と美しい装飾が華を添え、断食の日には質素な料理を静かにいただきます。10月末にはクリスマスの飾りつけをし、復活祭までガレットを食べるような現代のフランス社会において、こうしたメリハリをつけることで祝祭日の食事に意味あいを持たせているのです。

修道士と修道女たちは、日常生活の中で、神との対話ができるような穏やかな雰囲気を保つよう気を配り、食事中は言葉を交わしません。この静寂に包まれた食卓に、新参者は戸惑うことも多いのですが、日によっては本や新聞記事などを音読したり、音楽を楽しみます。先の黙食の時間をとおして、わたしたちは他者の言葉について考えたり、その気持ちを思いやったり、これまでとは異なる方法でコミュニケーションを取ることを学べるのです。食事のあとは食器洗いがおわると、修道女と訪問客が情報を交換する和やかで楽しい話しあいのひと時となります。

美しく、慎ましく、楽しげな修道女の生活。その食卓における魂のありように触れれば、わたしたち自身の食事に対する考え方が変わってくるはずです。わたしたちは静かに食事をすることができるでしょうか。ハレの日のごちそうをよりおいしく味わえるようシンプルな食事を日々準備できるでしょうか。あるいは、見知らぬ人とパンを共有できるでしょうか。

ノエル・ブノワ

RECETTES D'HIVER
冬の食卓

11月1日の「諸聖人の日（トゥッサン）」が過ぎると、モン・サン＝ミシェルは
「四旬節（カレーム）」のおわりまで、つまり復活祭の前日まで冬眠に入ります。
日が短くなるにつれ、地下礼拝所にはクリスマス（ノエル）や公現祭（エピファニ
ー）のイルミネーションが輝き、修道士と修道女は石の冷たさを避けて祈りを
ささげるようになります。
この季節、島内の小道には湿った風が吹きすさび、観光客の姿はまばらにな
り、修道院まで続く商店もほとんどシャッターをおろしています。けれども、温
かいポタージュやショコラショー、パンの焼ける匂い、美しいガレット・デ・ロ
ワのサクサク感に出会えるのは、真冬ならではのお楽しみです。

CAKE AUX OLIVES

オリーブのケークサレ

Ingrédients 材料

オリーブ（ブラックまたはグリーン、

　　種なし）————————150g

シェーブルチーズ（円筒状）

　　————————————180g

薄力粉————————————150g

ベーキングパウダー————11g

卵————————————————3個

オリーブオイル——————100㎖

牛乳（または低脂肪乳）—125㎖

プレーンヨーグルト————125g

グリュイエールチーズ（シュレッド）

　　————————————100g

エルブ・ド・プロヴァンス、バター、

　　塩————————————各適量

Préparation 作り方

1　オーブンを180℃に温め、型にバターを塗っておく。薄力粉とベーキングパウダーはあわせてふるう。オリーブは輪切りにし、シェーブルチーズは小さな角切りにする。卵はボウルに割り入れてほぐす。

2　ボウルに1の粉類と卵を入れ、泡立て器で粉っぽさがなくなるまで混ぜあわせる。

3　オリーブオイル、牛乳、ヨーグルトを加え、全体がなじむまで混ぜる。

4　1のオリーブとチーズ、グリュイエールチーズ、エルブ・ド・プロヴァンス、塩を加え、さっくりと混ぜあわせる。

5　1の型に4の生地を流し入れ、180℃のオーブンで45分ほど焼く。

Variante アレンジ

シェーブルの代わりにほかのチーズを使ったり、オリーブオイルを別のオイルに替えたり、ベーコンを加えてみたり、いろいろと試してみてください。季節の野菜を炒めたものを主役にするなど、好みの具材でも楽しめます。このケークは、熱々でも冷めてもおいしくいただけます。

p.14-15 冬のモン・サン＝ミシェルは凍てつくように寒く、じめじめと湿気が多く、どんよりとした雲に覆われる日が続きます。修道女たちの、穏やかな暮らしぶりと手料理は、厳しい季節を乗り越えるための励ましとなります。

SOUPE DE POTIRON

かぼちゃのポタージュ

6人分
調理時間50分

Ingrédients 材料

玉ねぎ	2個
かぼちゃ	1個
バター	25g
生クリーム	大さじ1
シブレット、塩、こしょう	各適量

トッピング

マッシュルーム	6個
ベーコン (スライス)	6枚
バター	25g
オリーブオイル	大さじ1

Préparation 作り方

1 玉ねぎは皮をむいて薄切りにする。かぼちゃは種とわたを取って皮をむき、適宜角切りにする。シブレットは斜め切りにする。

2 鍋にバターを入れて弱めの中火にかけ、1の玉ねぎをきつね色になるまで炒める。

3 1のかぼちゃとひたひたの水 (材料外) と塩を加え、ふたをして弱火でかぼちゃがやわらかくなるまで30分ほど煮る。

4 生クリームを加え、ミキサーにかけてピュレ状にする。

5 トッピングを作る。

　a. マッシュルームは薄切りにする。

　b. フライパンにオリーブオイルを中火で熱し、ベーコンを入れて焼き色がつくまで焼き、取り出す。

　c. 同じフライパンにバターを加えて溶かし、aのマッシュルームを炒める。

6 4を鍋に戻し入れて弱火で温める。

7 器に6のポタージュを注ぎ、こしょうをふり、5のトッピングをのせ、1のシブレットを散らす。

p.18-19 冷たい雨が降りしきる、観光客の途絶えた閑散期。風景の中にヤシの木がぽつんとたたずむ。

FENOUIL, ORANGE
ET PARMESAN

フェンネルとオレンジのチーズサラダ

Ingrédients 材料

フェンネル	3個
オレンジ	2個
パルミジャーノ・レッジャーノ	
	100g
塩、こしょう	各適量

ドレッシング

レモン果汁	1個分
オリーブオイル	大さじ4

Préparation 作り方

1 フェンネルは鱗茎と葉に分ける。フェンネルの鱗茎を15分蒸し、冷蔵庫でしっかり冷やす。フェンネルの若葉は飾り用にとっておく。
　❖竹串を刺して少しかたいと感じるぐらいの蒸し加減でOK。

2 オレンジは皮をむいて輪切りにし、パルミジャーノ・レッジャーノはピーラーで食べやすい大きさに削る。

3 ボウルにドレッシングの材料を入れて混ぜる。

4 1のフェンネルの鱗茎をスライスする。

5 器に4のフェンネルの鱗茎と2のオレンジを盛りつけ、塩とこしょうをふり、3のドレッシングをまわしかける。2のチーズを散らし、1のフェンネルの若葉を飾る。

p.22-23 食事がおわると次の食事の時間まで、修道院の台所はつかのまの静寂に包まれます。この小さく簡素な設備の空間で、おおらかで質の高い料理の数々が作られているのです。

起きて食べよ。この旅路はまだ長いのだから

『列王記』19章7節

LENTILLES DU VENDREDI

6人分
調理時間1時間5分

聖金曜日のレンズ豆煮込み

Ingrédients 材料

じゃがいも ——————2個
にんじん ——————4本
スイスチャード (フダンソウ) の茎
——————4本
かぶ ——————4個
緑レンズ豆 (乾燥) ——————300g
ローリエ、イタリアンパセリ、塩、
こしょう ——————各適量

Préparation 作り方

1 じゃがいも、にんじん、かぶは皮をむいて食べやすい大きさに切る。
スイスチャードの茎も食べやすい長さに切る。レンズ豆はさっと洗
い、水気を切る。

2 鍋に1の野菜と豆を入れ、かぶるくらいの水 (材料外) を注ぐ。塩とこ
しょうで調味し、ローリエを加え、ふたをして弱火で45分ほど煮込
む。

3 器に盛りつけ、イタリアンパセリを散らす。

Le petit plus ひとくちメモ

質素で素朴ながら滋味深いこの料理は、イエス・キリストの受難を偲ぶ「聖金曜日」の昼
食として、エルサレム修道会の食卓によく登場します。

p.26 ゴシック様式の内陣に、まばゆい光
り輝く小聖堂。質素な調度品が、まるで
金箔をまとったかのように、儚くも美しく
輝いて見えます。

TATIN AUX ENDIVES

アンディーブのタルトタタン風

6人分
（直径28×高さ2.5cmのタルト型1台分）
調理時間1時間

Ingrédients 材料

アンディーブ（チコリ）————6個
ブルーチーズ—————————150g
厚切りベーコン ——————— 150g
パイ生地（直径31cmの円形、市販品）
————————————1枚（230g）
シブレット————————適量

Préparation 作り方

1 オーブンを220℃に温めておく。ブルーチーズは適宜角切りにし、ベーコンは端から5mm幅ほどに切る。シブレットは小口切りにする。

2 アンディーブは芯を円錐状にくりぬき、10分ほど蒸す。

3 フライパンで1のベーコンを焼き色がつくまで炒める。
❖フライパンはあとで使うのでそのままにしておく。

4 型の底に3のベーコンと1のチーズを広げる。

5 2のアンディーブを縦方向に半分に切り、3のフライパンに入れ、しっかり焼き色がつくまで焼く。

6 4の型に広げたベーコンとチーズの上に、5のアンディーブを切り口を下にして放射状に並べる。

7 6の上にパイ生地を広げ、生地の縁を型にしっかり押し込み、220℃のオーブンで30分ほど焼く。

8 型に皿をのせ、ひっくり返してパイ生地が下になるように皿に盛り、1のシブレットを散らし、熱々のままテーブルへ。

p.30-31 悪天候であっても修道女たちは、どっしりと構えて来る者を拒まないモン・サン＝ミシェルのように、ゆるぎない生活リズムを保っています。

FILET DE PORC FARCI
AUX FIGUES,
OLIVES ET AMANDES
豚ヒレ肉の詰めもののオーブン焼き

6人分
（直径30×高さ8cmの耐熱皿1枚分）
調理時間1時間50分

Ingrédients 材料

豚ロースかたまり肉（骨なし）
――――――――――1.2kg
オリーブオイル―――――大さじ3
ローズマリー―――――――適量

詰めもの
にんにく――――――――――3片
玉ねぎ――――――――――――1個
いちじく（乾燥）――――――6個
グリーンオリーブ（種なし）―60g
パン―――――――――――――60g
オリーブオイル―――――大さじ4
アーモンド（スライス）――40g
レモン果汁――――――――大さじ1
卵黄――――――――――――1個分
塩、こしょう――――――各適量

Préparation 作り方

1 オーブンを200℃に温めておく。詰めもののパンは少量の水（材料外）に浸して湿らせておく。

2 詰めものを作る。
  a. にんにくと玉ねぎは皮をむき、みじん切りにする。いちじくとオリーブは粗くきざむ。1のパンは水分をしぼり、細かくちぎる。
  b. フライパンにオリーブオイルを中火で熱し、aのにんにくと玉ねぎを入れ、玉ねぎがしんなりするまで炒める。
  c. ボウルに移し、aのパン、いちじく、オリーブ、そしてアーモンド、レモン果汁、卵黄を加えて混ぜ、塩、こしょうで調味する。

3 豚ロースかたまり肉を観音開きにする。
  d. 肉の中央に厚さの半分くらいまで切り込みを入れる。
  e. 切り込みに包丁を寝かせて入れ、厚みが半分になるように片側を開く。反対側も同様に開く。

4 3の肉の半面に2の詰めものを広げ、端から巻いて糸でしばる。
  ❖観音開きをするのが大変なら、単に中央に切り込みを入れ、その部分に詰めものを詰める。詰めものが残ったら、小さなだんご状に丸め、5で肉を焼きはじめてから1時間経ったあと耐熱皿にのせて一緒に焼く。

5 耐熱皿に4の肉をのせ、肉の表面が乾かないように全体にオリーブオイルをかけ、ローズマリーを散らし、200℃のオーブンで1時間20分ほど焼く。

Variante アレンジ

写真のように、じゃがいもを食べやすい大きさに切り、にんにくと一緒に肉と焼いてもおいしくいただけます。

p.34 修道院の菜園で採れたビーツを使ったジュース（右上）とサラダ（右下）。小さな菜園ながら、冬でも修道女たちの創造力を養ってくれます。

p.35 嵐のあとの静けさ。冬のモン・サン＝ミシェルに雪はめったに降りませんが、海と空を揺るがす強い突風に見舞われます。

TARTE SARRASIN
ET BROCOLI
ブロッコリーのそば粉のタルト

6人分（35×23×3cmのタルト型1台分）
調理時間1時間10分

Ingrédients 材料

ブロッコリー	1個
デーツ（種なし）	10個
薄力粉	200g
そば粉	100g
ベーキングパウダー	5g
ぬるま湯	150mℓ
オリーブオイル	50mℓ
チェダーチーズ（シュレッド）	100g
バター、塩、こしょう	各適量

アパレイユ

生クリーム	200mℓ
卵	4個
塩、こしょう	各適量

Préparation 作り方

1 型にバターを塗っておく。薄力粉とベーキングパウダーはあわせてふるう。デーツは粗くきざむ。オーブンを220℃に温めておく。

2 ブロッコリーは茎を切り落として小房に分け、やわらかくなるまで10分ほど蒸す。

3 生地を作る。
ボウルに1の粉類とそば粉を入れ、塩、こしょう、ぬるま湯、オリーブオイルを加え、なめらかな生地になるまでこねる。

4 打ち粉（薄力粉、分量外、適量）をしたこね台に3の生地をのせ、めん棒で厚さ3mmにのばす。1の型に生地を敷き込み、フォークで底面にまんべんなく穴を開ける。

5 4の型に2のブロッコリーを並べ、1のデーツとチェダーチーズを全体に散らす。

6 アパレイユを作る。
ボウルに生クリームと卵を入れて泡立て器で混ぜ、塩とこしょうで調味する。

7 5の型に6のアパレイユを流し入れ、220℃のオーブンで40分ほど焼く。

p.38-39「知恵は素晴らしい（中略）。夜明けから知恵を求める者は苦労せずに、自宅の戸口にすわっている知恵を見つける」（『知恵の書』6章14節）

PAIN ROULÉ À L'AIL

にんにく風味のうず巻きパン

6人分（1本分）
調理時間3時間

Ingrédients 材料

強力粉	500g
塩	10g
ぬるま湯	360㎖
イースト（生）	10g

✤インスタントドライイーストの場合は7g
　用意する。

にんにくペースト

にんにく	6片
オリーブオイル	60㎖
シュレッドチーズ	100g
ハーブ（タイム、イタリアンパセリ、セ
イボリーなど好みのもの）	15g

Préparation 作り方

1　ボウルに強力粉と塩を入れ、泡立て器で混ぜあわせる。

2　粉の中央にくぼみを作り、ぬるま湯を少しずつ入れながら手で混ぜ
　る。

　✤ぬるま湯は生地がベタベタにならないよう、一気に加えず、生地の様子を見ながら
　　加減するとよい。

3　イーストを加え、生地がまとまるまで混ぜる。

4　打ち粉（強力粉、分量外、適量）をしたこね台の上に取り出し、台から
　生地が自然とはがれるようになるまで10分ほどこね、丸くまとめる。

　✤はじめは水っぽく、べたべたとくっつきやすい。生地をひっぱるように向こう側に押
　　しのばしては、手前に折りたたむという作業を繰り返し、こねていく。

5　ボウルに4の生地を戻し、清潔な布きんをかぶせ、2倍にふくらむま
　で室温で2時間ほど発酵させる（p.45左上）。

6　オーブンを230℃に温めておく。

7　にんにくペーストを作る。
　a. ミキサーに、にんにく、ハーブ、オリーブオイルを入れてペースト
　　　状にし、ボウルに移す。
　b. シュレッドチーズを加えて混ぜる。

8　こね台の上に5の生地をのせ、手で押してガスを抜き、めん棒で30
　×20㎝の長方形にのばす。

9　生地の表面に7のにんにくペーストを塗り広げる（p.45右上）。

10　生地を手前からくるくる巻いて円筒状にし（p.45左下）、巻きおわりを
　下にして、クッキングシートを敷いた天板の上にのせる。

11　230℃のオーブンで焼き色がつくまで20分ほど焼き、200℃に下
　げてさらに10分ほど焼いて火をとおす（p.45右下）。

Variante アレンジ

チーズにあうパンなので、食べやすいサイズにスライスしたあと、写真のように数種類の
チーズと一緒に盛りつけても。乾燥ハーブをふりかけてもおいしい。

p.42-43 修道院から望む冬のモン・サン
＝ミシェル湾の風景。陸と海と空が、灰色
のグラデーションになって溶けあい、光を
受けて銀色のベールのよう。

p.44 冬の間、モン・サン＝ミシェルに暮
らすのはごく少数の住民と宿の経営者の
み。大半の店はクリスマス休暇のあと、
春先まで休業します。

p.45 島内にはパン屋がないため、修道
女たちは休日にパンを作ります。

CÉRÉALES DE FÊTE

お祝いのグラノーラ

6人分
調理時間40分

Ingrédients　材料

オートミール————350g

ナッツ類（アーモンド、ヘーゼルナッ
　　ツ、くるみ、ひまわりの種など好み
　　のもの）————250g

きび砂糖————80g

レーズン（またはドライクランベリー。
　　レーズンとクランベリーをあわせて
　　使っても）————100g

はちみつバター

はちみつ（液状）————130g

バター————40g

Préparation　作り方

1　オーブンを190℃に温めておく。

2　はちみつバターを作る。
　　鍋にはちみつとバターを入れて弱火で熱し、バターを溶かしながら
　　混ぜる。

3　ボウルにオートミールとナッツ類を入れ、2のはちみつバターを注
　　ぎ、きび砂糖を加えて全体をよく混ぜる。

4　クッキングシートを敷いた天板に3を広げ、190℃のオーブンで全
　　体が薄く色づくまで20分ほど焼く。
　　✤途中、何度かゴムべらなどで上下を返しながら混ぜ、均等に焼き色をつける。

5　オーブンから天板を取り出し、そのまま冷めるまでおいておく。

6　レーズンを加えて混ぜあわせる。
　　✤ミルクをかけてもおいしい。保存する際は密封容器に入れること。

p.48 昼食後のなごやかなひと時。皆の
話に耳を傾けたあと、それぞれの活動に
戻っていきます。

p.49 大階段のてっぺんから望む霧に包
まれたモン・サン＝ミシェル湾。

イエスは弟子たちにこう言われた。
「わたしは命のパンである。
わたしのもとに来る者は決して飢えず、
わたしを信じる者は決して渇くことがないであろう」

『ヨハネの福音書』6章35節

MENDIANTS
マンディアン

6人分（直径2cm約60個分）
調理時間10分

Ingrédients 材料

ビターチョコレート（製菓用）
――――――――――200g
アーモンド（ホール）――――30g
ヘーゼルナッツ（ホール）――30g
レーズン――――――――――30g
しょうがの砂糖漬け――――20g
金ごま――――――――小さじ1

Préparation 作り方

1 しょうがの砂糖漬けは細く切る。
2 ビターチョコレートを湯煎で溶かす。
  a. チョコレートは細かくきざんでボウルに入れる。
  b. 湯煎の最中に湯が入らないように、ひとまわり小さなボウルや鍋に50〜60℃の湯（材料外、適量）を入れ、aのボウルを重ね、チョコレートが溶け出すまでしばらくおいておく。
  c. ゴムべらで底から大きく混ぜてゆっくり溶かす。
3 クッキングシートを敷いた天板に、2のチョコレートをスプーンですくってのせ、直径2cmの円形にのばす。各チョコレートが固まらないうちに、写真のようにアーモンドやヘーゼルナッツ、レーズン、1のしょうがの砂糖漬け、金ごまを表面にトッピングする。
4 涼しく乾燥した場所で冷まし、チョコレートが固まったらクッキングシートからはがす。

Variante アレンジ

写真のようにココナッツやピスタチオをはじめ、好みのナッツ類やシード類、ドライフルーツをトッピングするなど、いろいろと試してみてください。

p.52 夕食がおわると、夜の静寂に包まれる前に、修道女たちは最後にもう一度小さな礼拝室（オラトリオ）に集まり、安らかに眠れるよう、終課の礼拝を行います。

CHOCOLAT CHAUD DE NOËL

ノエルのショコラショー

6人分
調理時間20分

Ingrédients 材料

ビターチョコレート（製菓用）
——————————————60g

牛乳————————1ℓ

きび砂糖————————80g

シナモンパウダー————小さじ2

バニラエクストラクト、インスタントコーヒー————各小さじ1

Préparation 作り方

1 鍋に牛乳を入れ、きび砂糖、バニラエクストラクト、インスタントコーヒー、シナモンパウダーを加えて混ぜ、弱火でゆっくり温める。沸騰しはじめたら火からおろし、そのまま5分ほどおいて香りをなじませる。

2 ビターチョコレートは適当な大きさに砕き、ボウルに入れる。

3 1を少しずつ2のチョコレートの上から注ぎ、泡立て器で押してなじませながら、チョコレートをゆっくりと溶かす。すべて溶けたら全体を混ぜ、鍋に戻して弱火で温めなおす。

✤クッキーを添えると贅沢なおやつに。

Le petit plus ひとくちメモ

クリスマスの真夜中のミサでは、修道院の教会に歌が響き渡ります。ミサのあと、修道女たちはこのショコラショーを飲みながらクリスマスの喜びをわかちあいます。身も心も温まり、冬の冷たい風が吹き込む階下までの道のりも、満ち足りた気持ちで歩んでいかれるのです。

p.56 修道女愛用のテーブルリネン（左上）と食器（右下）。普段はうかがい知れない修道院の日常生活が垣間見えます。

p.57 夜明けに先駆け、修道女が「朝の祈り（賛課）」を唱えるころ、修道院の従業員を乗せたシャトルバスの灯りが朝霧をうがちます。

GALETTE DES ROIS
AUX POMMES

りんごのガレット・デ・ロワ

6人分
調理時間1時間15分

Ingrédients 材料

りんご —————————— 3個
パイ生地（直径31cmの円形、市販品）
　————————— 2枚（1枚230g）
卵黄（塗り卵用）————— 1個分
フェーヴ（陶器製ミニチュア）
　————————————— 1個
アーモンド（スライス）——— 適量

フランジパーヌ
バター ——————————— 150g
グラニュー糖 ——————— 150g
卵 ————————————— 2個
薄力粉 ——————————— 20g
アーモンドプードル ——— 150g
塩 ———————— ひとつまみ

Préparation 作り方

1　オーブンを200℃に温めておく。フランジパーヌの卵はボウルに割り入れてほぐす。薄力粉とアーモンドプードルはボウルに入れて混ぜあわせる。バターは常温に戻してやわらかくしておく。りんごは皮をむき、芯を抜いて4つ切りにし、それぞれ薄切りにする。

2　フランジパーヌを作る。
　a. ボウルに1のバターとグラニュー糖を入れ、白っぽくなるまで泡立て器ですり混ぜる。
　b. 1の卵を数回に分けて加え、その都度なじむまで混ぜあわせる。
　c. 1の薄力粉とアーモンドプードル、塩を加え、よく混ぜあわせる。

3　クッキングシートを敷いた天板の上にパイ生地を1枚のせ、生地の中央に2のフランジパーヌをのせ、縁まわりを2cm残してのばす。

4　フェーヴをフランジパーヌの中に埋め、フランジパーヌを覆うように1のりんごを並べる。

5　残りのパイ生地をかぶせ、下の生地の縁を折り返し、縁まわりをフォークで押さえて閉じる。

6　卵黄に水（材料外、大さじ1）を加えて混ぜ、生地の表面に刷毛で塗り、フォークで模様をつけ（p.15右上）、アーモンドを散らす。

7　200℃のオーブンで1時間ほど焼く。
　❖熱々を提供するのがおすすめ。ガレット・デ・ロワの気分を高めるべく、用意できるなら紙の王冠を飾ってテーブルへ。

Variante アレンジ

洋なしやグレープフルーツなどを使って作っても。夏にはラズベリーを使うのもおすすめです。

p.60-61 トラント・シェルジュ地下礼拝堂で礼拝をおえたあと、巡礼者は修道女に導かれるまま地下の迷路をさまよいます。

RECETTES DE PRINTEMPS

春の食卓

復活祭 (パック) には鐘が鳴り響き、厳しい冬のおわりと、モン・サン=ミシェルに新たな息吹が芽生えたことを告げます。聖枝祭 (枝の主日)、復活徹夜祭、昇天祭、聖霊降臨祭などの祝祭日には、観光客と巡礼者は岩山のふもとに集まり、修道士と修道女の歌声が響く教会まで列をなして進んでいきます。この季節、湾を見おろす段々畑では、作物の成長を見守る修道女たちの姿が見かけられます。こうした作物が創造力の源となって、修道女たちのレシピは育まれ、多くの修行者と語りあうための安らぎの場が生まれるのです。

Que l'AMOUR dont
tu m'as aimé
soit en eux,
et moi en eux.

Jn 17,26

SALADE
DE HARICOTS VERTS
さやいんげんのサラダ

6人分
調理時間50分

Ingrédients　材料

ミモレット	150g
エシャロット	2個
さやいんげん	500g
厚切りベーコン	150g
バゲット（スライス）	4枚
イタリアンパセリ	適量

ドレッシング

マスタード	大さじ1
赤ワインビネガー	大さじ2
ひまわり油	大さじ6
塩、こしょう	各適量

Préparation　作り方

1　ミモレットは小片に切り、エシャロットは薄切りにする。ベーコンは5mm幅くらいに切り、バゲットは幅1cmほどの拍子木切りにする。

2　さやいんげんはへたと筋を取り、20分ほど蒸す。

3　フライパンで1のベーコンを中火でしっかり焼き色がつくまで炒め、キッチンペーパーに取って油を切る。

4　クルトンを作る。
　　3のフライパンで1のバゲットを中火でこんがり焼く。

5　ボウルにドレッシングの材料を入れて混ぜる。

6　別のボウルに1のミモレットとエシャロット、2のさやいんげん、3のベーコン、4のクルトンを入れ、5のドレッシングをかけてあえる。
　　✣すぐに提供しない場合、クルトンは食感がしんなりしてしまわないよう、提供する直前に加える。

7　器に盛り、イタリアンパセリを散らす。

Variante　アレンジ

レーズンを加えるのもおすすめです。

p.66-67 春めいた日差しを受け、戸外での活動が復活したモン・サン＝ミシェル。修道女たちは菜園で、よみがえった自然の美しさを愛でます。

ENTRÉE DU JEUDI SAINT

聖木曜日のウフ・マヨネーズ

6人分
調理時間20分

Ingrédients 材料

卵 ——————————— 12個
ほうれん草 (冷凍) ——————— 40g
マヨネーズ ——————— 大さじ3
カレーパウダー ——————— 小さじ1
パプリカパウダー
　—— 小さじ1＋適宜 (仕上げ用)
イタリアンパセリ、塩、粗塩、こし
　ょう ——————————— 各適量

Préparation 作り方

1　ほうれん草は解凍して水気をしぼり、細かくきざんでおく。

2　ゆで卵を作る。
　a. 鍋に卵を入れ、かぶるくらいの水 (材料外) を注いで中火にかけ、沸騰したら火を弱め、ふつふつ小さく沸騰した状態で10分ほどゆでる。
　b. 鍋を火からおろし、すぐに卵をボウルに入れた冷水 (材料外、適量) に浸して完全に冷ます。

3　2のゆで卵の殻をむいて縦半分に切る。白身の形が崩れないように注意しながら黄身を取り出し、黄身はボウルに入れ、白身はバットに並べる。

4　3の黄身をフォークでつぶしながらマヨネーズとあえ、塩、こしょうで味を調える。

5　フィリングを作る。
　別のボウル3つに4を等分にして入れ、1つ目のボウルに1のほうれん草、2つ目にはパプリカパウダー、3つ目にはカレーパウダーを加え、それぞれよく混ぜる。

6　3の白身1つずつに5のフィリングを詰める。好みでパプリカパウダー一味のフィリングを詰めたものには、仕上げにパプリカパウダーをふる。

7　器に粗塩を散らし、イタリアンパセリを広げ、6の卵を盛る。

Le petit plus ひとくちメモ

卵は古来より生命と再生のシンボルとされてきました。復活祭前の40日間は「四旬節 (カレーム)」と呼ばれ、かつては卵を食べることが禁止されていました。この期間に消費されない大量の卵は装飾されるようになり、このなごりから19世紀以降、チョコレートで卵のモチーフが作られるようになったのです。

p.70-71 村の喧騒をよそに、菜園で太陽の光を浴びながら、会話を楽しむ修道女たち。

TAJINE JÉRUSALÉMITE

七面鳥のタジン エルサレム修道会風

6人分
調理時間1時間30分

Ingrédients 材料

七面鳥むね肉 (ターキーブレスト)
——————————1.2 kg
玉ねぎ ——————————4個
レモン (ワックス不使用) ———3個
グリーンオリーブ (種なし)
——————————200 g
レーズン ——————————200 g
セモリナ粉 (中粒)———————400 g
アーモンド (スライス) ————50 g
オリーブオイル —————大さじ3
塩、こしょう———————各適量
イタリアンパセリ —————適宜

Préparation 作り方

1 玉ねぎは皮をむいて輪切りにし、七面鳥むね肉は一口大に角切りにする。レモンは1個をしぼり、残りの2個は半分に切り、それぞれくし形に切る。

2 タジン鍋 (または無水調理鍋) にオリーブオイル (大さじ2) を中火で熱し、1の玉ねぎを入れてきつね色になるまで炒め、バットに取り出す。

3 同じ鍋に1の肉を入れ、転がしながら全体に焼き色をつける。

4 鍋に2の炒めた玉ねぎを戻し、オリーブ、レーズン、1のレモンと果汁を加え、ふたをして弱火で1時間ほど蒸し煮にする。

5 フライパンにアーモンドを入れて弱火にかけ、へらで絶えず混ぜながら好みの焼き色になるまで煎る。

6 ボウルにセモリナ粉を入れ、塩とこしょうをし、オリーブオイル (大さじ1) を加えて混ぜる。熱湯 (材料外) をかぶるくらい加え、皿などでふたをして5分ほどおいてふくらませ、フォークで粒をほぐす。

7 器に6のセモリナ粉を盛り、4をかけ、5のアーモンドを散らし、好みでイタリアンパセリを飾る。

Le petit plus ひとくちメモ

この七面鳥のタジンは、世界中のエルサレム修道会で愛されており、祝祭や集まりの場には欠かせません。まさに "心のよりどころ" といえる料理です。

p.74-75 教会で礼拝をおえると、西側のテラスから湾の絶景を眺めるのが修道女たちの楽しみのひとつです。

p.76-77 菜園で採れた新鮮な果物や野菜が、修道女たちの料理に彩りを添えます。卵など、地元の人からいただきものをすることも。

旅人をもてなすことを忘れるべからず。
こうして、ある人々は、
気づかずに御使いたちをもてなした

『ヘブライ人への手紙』13章22節

CLAFOUTIS
DE SAINT ABRAHAM

聖アヴラーミイのクラフティ

6人分
（28×17×5.5cmの
オーバル形耐熱皿1枚分）
調理時間45分

Ingrédients 材料

玉ねぎ	1個
ほうれん草	200g
シェーブルチーズ（円筒状）	200g
オリーブオイル	大さじ1
バター、塩、こしょう	各適量

アパレイユ

薄力粉	100g
卵	3個
グリュイエールチーズ（シュレッド）	100g
牛乳	500ml
塩、こしょう	各適量

Préparation 作り方

1 オーブンを200℃に温めておく。耐熱皿にバターを塗っておく。玉ねぎは皮をむいて粗くきざむ。ほうれん草は根元を切り落とし、ざく切りにする。シェーブルチーズは輪切りにする。

2 大きなフライパンにオリーブオイルを弱めの中火で熱し、1の玉ねぎを入れて軽くきつね色に色づくまで炒める。

3 1のほうれん草を加え、しんなりするまで5分ほど炒め、塩、こしょうで味を調える。

4 アパレイユを作る。
   a. ボウルに卵を割り入れ、泡立て器でよくほぐし、薄力粉をふるい入れて混ぜる。
   b. 牛乳を加えてのばすように混ぜ、グリュイエールチーズを加えてひと混ぜし、塩とこしょうをふる。

5 3を穴あきレードルなどですくって水気を切り、4のアパレイユに加えて混ぜる。

6 1の耐熱皿に5を流し入れ、1のチーズを表面に並べ、200℃のオーブンで30分ほど焼く。

Le petit plus ひとくちメモ

聖アヴラーミイは別名「ロストフの聖アヴラーミイ」。正教会の聖人で、12世紀ごろロシアのロストフに神現修道院を創設しました。

p.80 威風堂々としたたたずまいのモン・サン＝ミシェル修道院が、夕日を浴びて大地に影を落としています。

NAVETS CARAMÉLISÉS

かぶのキャラメリゼ

6人分
調理時間1時間

Ingrédients 材料

かぶ	600g
バター（無塩）	20g
カソナード	大さじ1
はちみつ	大さじ1
シナモンパウダー	小さじ1
フルール・ド・セル、こしょう	
	各適量
ハーブ（バジルの若葉など）	適宜

Préparation 作り方

1 かぶは皮をむき、乱切りにする。

2 鍋にバターを入れ、カソナードとはちみつを加えて弱火でバターが溶けるまで加熱する。よく混ぜて1のかぶを加え、へらで転がしながらしっかりからめる。

3 シナモンパウダーとフルール・ド・セルを加え、こしょうをふり、ひと混ぜする。

4 ふたをし、途中、焦げつかないように時々混ぜて45分ほど蒸し焼きにする。

5 器に盛り、好みでフルール・ド・セルをふり、ハーブをあしらう。

p.84–85 モン・サン＝ミシェル修道院の一部を借り受けて鍵を預かる修道女たちは、修道院を隅々まで知りつくし、心を込めて手入れをしています。

PÂTES AU PESTO
DE ROQUETTE DE LA BAIE

ルッコラペーストのパスタ

6人分
調理時間20分

Ingrédients 材料

パスタ（マファルディーネ）——600g

セージの若葉、粗塩—— 各適量

ルッコラペースト

アーモンド（スライス）——50g

ルッコラ——————————100g

にんにく——————————1片

パルミジャーノ・レッジャーノ（す

　りおろす）——————————50g

オリーブオイル——————150㎖

塩————————————ひとつまみ

Préparation 作り方

1　ルッコラペーストを作る。

　a. アーモンドはフライパンに入れて弱火にかけ、へらで絶えず混ぜ
　　ながら、きつね色になるまで煎り、バットに移して冷ましておく。

　b. ルッコラは洗ったあと水気をしっかり切り、ざく切りにする。にん
　　にくは皮をむく。

　c. ミキサーにaとbを入れ、残りの材料をすべて加えて、なめらか
　　なペースト状になるまでしっかり撹拌し、ボウルに移す。

2　たっぷりの湯（材料外）を沸かして粗塩を加え、パスタを入れてゆで
　る。ゆであがったパスタの湯を切り、ゆで汁はレードル1杯分とって
　おく。

　✤ゆで時間は袋の表示時間を目安に、好みのゆで加減に仕上げる。

3　1のボウルに2のゆで汁を加え、ルッコラペーストをのばす。

4　器に2のパスタを盛り、3のペーストをかけ、セージの若葉をあしら
　う。

　✤3でボウルにパスタを入れてあえても。

p.88 中庭を囲む屋根つきのクロイスター（回廊）は、俗世に対して閉じられ、空に向かって開かれた象徴的な空間。瞑想の場であり、修道僧たちの行き交う廊下であり、交流の場でもあります。

p.89 クロイスターの西側に設けられた3つのガラス張りアーチは、かつては参事の会議場への入り口でした。湾を望む、息をのむような素晴らしい景色が広がっています。修道院が閑散としている時、修道女たちは好んでやってきては祈りをささげます。

QUICHE AUX COURGETTES ENROULÉES

ズッキーニのうず巻きキッシュ

6人分
（直径28×高さ4cmのタルト型1台分）
調理時間1時間5分

Ingrédients 材料

ズッキーニ（中）————3本

パイ生地（直径31cmの円形、市販品）
————1枚（230g）

バター————————適量

アパレイユ

卵————————————3個

発酵クリーム（クレーム・エペス）
————————————200ml

❖生クリームとサワークリームを半量ずつ
混ぜたもので代用可能。

牛乳————————250ml

レモンタイムの葉
————2本分＋適量（仕上げ量）

❖タイムの葉とすりおろしたレモンの皮
（ワックス不使用、½個分）で代用可能。

塩、こしょう————各適量

Préparation 作り方

1 オーブンを200℃に温めておく。ズッキーニはピーラー（または野菜スライサー）で長細くスライスする。型にバターを塗っておく。

2 パイ生地は型よりひとまわり大きくのばす。1の型にパイ生地を敷き込み、フォークで縁まわりを押さえて余分な生地を落とし、底面にまんべんなく穴を開ける。

3 アパレイユを作る。
   a. ボウルに卵を割り入れてほぐし、発酵クリームと牛乳を加えて泡立て器で混ぜる。
   b. 塩、こしょうで調味し、ちぎったレモンタイムの葉を加えてひと混ぜする。

4 2の型に3のアパレイユを流し入れる。

5 1のズッキーニをくるくる巻き、アパレイユの中に立てて並べる。

6 200℃のオーブンで40分ほど焼く。

7 器に盛り、レモンタイムの葉を散らす。

p.92-93 ラ・メルヴェイユ（驚異の空間）の最上層にある、13世紀に造られたゴシック様式のクロイスターは、二重の列柱が中庭を囲んでいます。

AGNEAU DE PRÉ-SALÉ
À LA SAUGE

6人分
調理時間1時間20分

プレ・サレ仔羊のセージ蒸し

Ingrédients 材料

仔羊の肩肉(ラムショルダー、骨なし)
―――――1ブロック(約1.3kg)
クミンパウダー ―――――小さじ1
セージ ―――――――――20g
オリーブオイル ――――― 100㎖
バター、塩、こしょう――― 各適量

野菜のロースト
フェンネルの鱗茎 ――――― 3個
葉玉ねぎ ――――――――― 6個

Préparation 作り方

1 仔羊の肩肉にクミンパウダー、塩、こしょうをすり込む。

2 野菜のローストのフェンネルの鱗茎は4つ切りにし、葉玉ねぎは葉を切り落とし、一緒に蒸し器で10分ほど蒸す。

3 厚手の鍋にオリーブオイルの半量を入れて強火で熱し、1の肉を入れ、転がしながら表面全体に焼き色がつくまで焼き、まな板の上に取り出す。

4 セージ⅓量を3の肉の上に広げ、肉ごと糸でしばる。肉をひっくり返し、同じくセージ⅓量を広げ、新たに糸でしばる。

5 2の蒸し器の下段に残りのセージを敷き、水 (材料外、適量) を注いで強火にかける。蒸し器の上段に4の肉を入れ、下段に重ねて1時間ほど蒸す。オーブンを180℃に温めておく。

6 天板に2の野菜をのせて、残りのオリーブオイルをまわしかけ、180℃のオーブンで30分ほど焼く。

7 器に5の肉を盛り、6の野菜のローストを添える。

♣小分けに器に盛る際は、肉の糸をはずして薄く切り、野菜のローストを添える。

Le petit plus ひとくちメモ

モン・サン=ミシェルの名産であるプレ・サレの仔羊は、定期的に潮が満ちる湾の近くで草を食むため、独特の風味をもたらします。

p.96-97 ルッコラやタイム、ラムソン、チャイブなど、菜園で摘んだハーブは、料理に使うだけではなく、復活祭の食卓に飾られます。

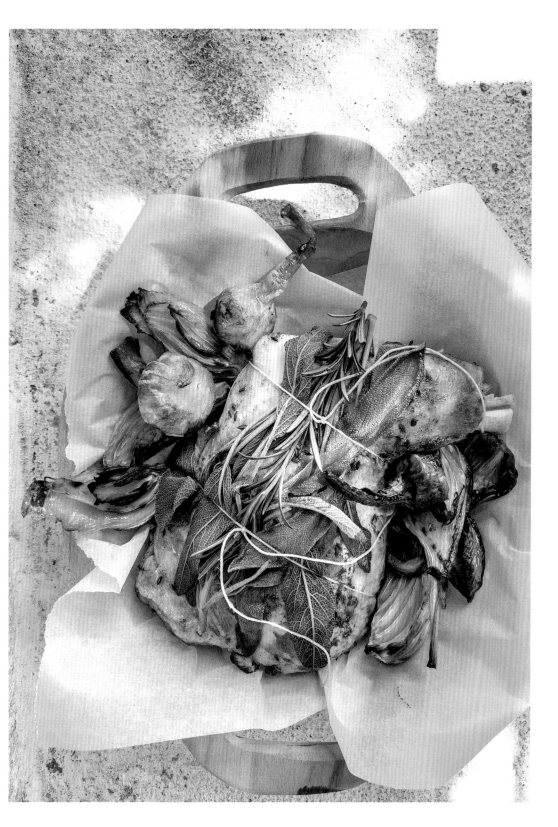

LIEU NOIR AUX BLETTES DU JARDIN

タラとスイスチャードのオーブン焼き

6人分
（25×17×5.5cmの
オーバル形耐熱皿6枚分）
調理時間1時間20分

Ingrédients 材料

リュー・ノワール（シロイトダラ）の
切り身 ―――――― 6枚

✤タラで代用可能（1枚あたり200gほど
のものを用意）。他の魚でもおいしく作
れる。

スイスチャード（フダンソウ）
―――――――――― 2kg

レモン（ワックス不使用）――― 1個

にんにく ―――――――― 1片

バター
大さじ4＋適量（耐熱皿に塗る分）

オリーブオイル、塩、こしょう
――――――――― 各適量

イタリアンパセリ、エディブルフ
ラワー ―――――― 各適宜

Préparation 作り方

1 オーブンを160℃に温めておく。耐熱皿にバターを塗っておく。レモンは薄い半月切りにする。スイスチャードは茎と葉を切り分け、それぞれざく切りにする。にんにくは皮をむき、つぶす。

2 鍋にバターを入れて弱火で熱し、1のにんにくをきつね色になるまで焼く。

3 1のスイスチャードの茎の部分を加えてふたをし、茎がやわらかくなるまで20分ほど蒸し焼きにする。

4 1のスイスチャードの葉を加えて再びふたをし、葉がしんなりするまでさらに10分ほど蒸し焼きにする。

5 塩とこしょうをふり、1の耐熱皿に広げる。

6 5の上にリュー・ノワールを並べ、塩をふり、1のレモンをのせる。

7 オリーブオイルをまわしかけ、160℃のオーブンで20分ほど焼く。

8 好みでイタリアンパセリとエディブルフラワーをあしらう。

p.100 モン・サン＝ミシェル修道院では春に、アルデヴォンを出発してモン・サン＝ミシェルを目指して歩く子ども向けのミニ巡礼「プチ・ミクロ」が行われており、子どもたちとその家族が修道院での生活に触れる機会となっています。

p.101 ラ・メルヴェイユの第2層、食堂の下にある迎賓室は、身分の高い訪問者を迎えるために使われていました。モン・サン＝ミシェルを訪れた王や貴族が食事をしたと言います。

そして人々は、
東から西から、あるいは北から南からやって来て、
神の国の祝宴の席に着く

『ルカの福音書』13章29節

BRIOCHE MARGUERITE

ブリオッシュ・マルグリット

6人分（直径25×高さ6cmの型1台分）
調理時間2時間50分

Ingrédients 材料

強力粉――――――――500g

バター――50g＋適量（型に塗る分）

イースト（生）―――――10g

✤インスタントドライイーストの場合は7g
用意する。

牛乳―――――――――250㎖

卵―――――――――――1個

グラニュー糖――――――30g

塩――――――――ひとつまみ

ワッフルシュガー（あられ糖）

――――――――――大さじ1

A

牛乳――――――――大さじ2

グラニュー糖――――――10g

Préparation 作り方

1　牛乳の少量を温め、イーストを溶かす。卵はボウルに割り入れてほ
　　ぐす。

2　小鍋にバターを入れて弱火で熱し、バターを溶かす。

3　ボウルに残りの牛乳と1の卵を入れ、1のイーストと2の溶かしバタ
　　ーを加え、泡立て器で混ぜる。

4　強力粉、グラニュー糖、塩を加えてゴムべらで混ぜ、粉っぽさがなく
　　なりひとまとまりになったら、打ち粉（強力粉、分量外、適量）をしたこ
　　ね台の上に取り出す。

5　生地をひっぱるように向こう側に押しのばしては、手前に折りたたむ
　　という作業を繰り返し、表面がなめらかになり、指で薄くのばしても
　　破れないくらいになるまでこねる。

6　生地を丸くまとめてボウルに戻し、布きんをかぶせ、2倍にふくらむ
　　まで2時間ほど室温で発酵させる。

7　オーブンを180℃に温めておく。型にバターを塗っておく。

8　6の生地を再びこね台に取り出し、手のひらで押してガス抜きをし、
　　7等分にしてそれぞれ切り口が内側にくるように生地をひっぱりなが
　　ら丸め、表面がなめらかになるように整える。

9　生地の閉じ目を下にして中央に1個おき、まわりに6個並べる。
　　✤マルグリット（マーガレット）に見立てます。

10　ボウルにAを入れて混ぜ、9の生地の表面に刷毛で塗り、ワッフル
　　シュガーをふりかけ、180℃のオーブンで30分ほど焼く。

p.104-105 修道院付属の教会で行われ
る朝の礼拝式。真東を向いた内陣の中央
で修道士と修道女は、一日のはじまりの
輝かしい光景を前に、神の愛を祝うゼカ
リヤの賛歌を歌います。

p.106 眼前に広がる、海と空が溶けあう
光景。

FLORENTINS

フロランタン 修道女風

30個分
（直径4cm 15個取りマフィン型2枚分）
調理時間25分

Ingrédients 材料

グラニュー糖 ——————100g
はちみつ ——————100g
バター——————150g
アーモンド（スライス）——250g
ビターチョコレート（製菓用）
——————200g

Préparation 作り方

1 オーブンを200℃に温めておく。

2 鍋にグラニュー糖、はちみつ、バターを入れて中火で熱し、バターを溶かす。バターが溶けて泡がふつふつしてきたら、すぐに火からおろし、アーモンドを加えて混ぜる。

3 型に2を均等に入れ、200℃のオーブンで10分ほど焼く。焼き色がついたらオーブンから取り出し、型に入れたまま冷ます。

4 ビターチョコレートを湯煎で溶かす。

   a. チョコレートを細かくきざんでボウルに入れる。

   b. 湯煎の最中に湯が入らないように、ひとまわり小さなボウルや鍋に50〜60℃の湯（材料外、適量）を入れてaのボウルを重ね、しばらくおいてチョコレートが溶け出したら、ゴムべらで底から大きく混ぜてゆっくり溶かしていく。

5 型から3の生地を取り出し、底面を4のチョコレートに浸す。チョコレートの面を上にして、クッキングシートの上に並べ、チョコレートが完全に固まるまで冷ます。

p.110-111 春になると、修道女たちは庭に出てコーヒーを楽しみます。

p.112-113 2015年に完成した橋のおかげで、年に数時間、満潮時にモン・サン=ミシェルは本来の姿を取り戻します。

COMPOTE DU JEUDI SAINT

聖木曜日のりんごのコンポート

6人分
調理時間1時間10分

Ingrédients 材料

りんご（調理用。ここではベル・ド・ボ
　スクープを使用）————— 2 kg
いちじく（乾燥）—————250 g
アプリコット（乾燥）———50 g
デーツ —————————100 g
しょうがの砂糖漬け———— 少量
アーモンド（ホール）—— 150 g

A
赤ワイン—————グラス1杯
はちみつ —————大さじ2
シナモンパウダー———大さじ1

Préparation 作り方

1　りんごは皮をむき、食べやすい大きさに切る。ドライフルーツ類としょうがの砂糖漬けは、それぞれ粗くきざむ。

2　鍋に1を入れてAを加え、ふたをして弱火で40分ほど煮る。火からおろし、ひと肌くらいに冷めるまでおいておく。

3　フライパンにアーモンドを入れて弱火にかけ、へらで絶えず混ぜながら、きつね色になるまで煎る。バットに移して完全に冷まし、粗くきざむ。

4　器に2を盛り、3のアーモンドを散らす。
　✤冷やしてもおいしい。

Le petit plus ひとくちメモ

聖木曜日は復活祭直前の一週間「聖週間」中の木曜日、イエス・キリストと使徒たちの最後の晩餐を記念する日です。
このコンポート（ハローセト）の色とテクスチャーは、ヘブライ人奴隷がエジプトでレンガを作るのに使ったモルタルと粘土、ひいては神の民の隷属を連想させます。
はちみつ、りんご、ドライフルーツからもたらされる甘みは、神がすべての悲しみを喜びに、死を生に変えてくださることを意味します。

p.116-117 クロイスターに隣接する広い食堂は、中世の最盛期には多くの修道士が住んでいたことを偲ばせます。ベネディクト会修道士たちは静かに食事をし、そのあとの読唱は食堂の素晴らしい音響効果ゆえに高く響き渡ったと言います。

CROQUANTS
AUX NOISETTES
ヘーゼルナッツのクロカン

30個分
調理時間45分

Ingrédients 材料

ヘーゼルナッツパウダー──160g

グラニュー糖 ───────125g

卵白────────────2個分

バター ─────────── 適量

Préparation 作り方

1 オーブンを160℃に温めておく。天板にバターを塗っておく。

2 ボウルにヘーゼルナッツパウダーとグラニュー糖を入れて軽く混ぜ、卵白を泡立てずに加え、スプーンでよく混ぜあわせる。

3 スプーンで生地をすくい、天板の上にのせていく。

4 160℃のオーブンで30分ほど焼き、まだ生地がやわらかいうちにオーブンから取り出し、10分ほどおいて冷ます。完全に冷めたら、へらで天板からはがす。

Variante アレンジ

ヘーゼルナッツパウダーの代わりに、アーモンドパウダーを使っても。このクッキーは、コーヒーや紅茶、フロマージュ・ブランやコンポートにとてもあいます。

p.120 修道女の食卓でよく使われるドライフルーツは、キリスト教修道院の原点である砂漠を連想させます。

p.121 粗熱を取るために、夕暮れ時の窓辺におかれたクロカン。モン・サン＝ミシェルの美しさと静けさは、そこで作られる料理や菓子に格別な味わいを与えてくれるかのようです。

RECETTES D'ÉTÉ
夏の食卓

太陽の光が湾に降り注ぎ、観光客の波が押し寄せても、涼しさと安らぎを与
えてくれる修道院。バカンスの間、修道女たちは交代で祈りの場を管理し、
大天使のもとでの休息を望む多くのリトリート客や巡礼者を迎え入れています。
夏の期間には、6月24日の洗礼者ヨハネの日をはじめ、エルサレム修道会の
在住記念日、8月15日の聖母マリアの被昇天の日と、大きな祝祭が続きます。

SALADE D'ÉTÉ
夏野菜のサラダ

6人分
調理時間20分

Ingrédients 材料

サラダ菜ミックス（好みでレタス、リーフレタス、マーシュなど）
————————250g
パプリカ（赤、黄）————各1個
フェタチーズ——————250g
鶏ささみ————————4本
はちみつ——————小さじ1
オリーブオイル、ハーブ（好みでバジルやイタリアンパセリなど）、塩、こしょう——————各適量

ドレッシング
オリーブオイル————大さじ4
バルサミコビネガー——大さじ2
塩、こしょう—————各適量

Préparation 作り方

1 サラダ菜は食べやすい大きさにちぎる。フェタチーズは1cm角に切る。パプリカはそれぞれ半分に切り、種とへたを取り除いて薄切りにする。

2 鶏ささみは筋を取り、そぎ切りにしてから細長く切る。フライパンにオリーブオイルを中火で熱し、ささみを入れて焼き色がつくまで炒める。

3 はちみつを加えて全体にしっかりからめる。塩、こしょうで味を調え、バットに移して冷ましておく。

4 別のフライパンにオリーブオイルを中火で熱し、1のパプリカを歯ごたえが残る程度に炒める。

5 ボウルにドレッシングの材料を入れて混ぜる。

6 器に1のサラダ菜を敷き、3の鶏ささみ、4のパプリカ、1のチーズを盛りつける。5のドレッシングをまわしかけ、ハーブをあしらう。

p.126–127 夏のモン・サン＝ミシェルの賑わいと、修道女たちの平和で静かな暮らしは対照的。訪れる多くの客人を迎えるために、焼き菓子や果物、花などがたくさん用意されます。

SALADE DE BOULGOUR
ブルグルのサラダ

6人分
調理時間50分

Ingrédients 材料

ブルグル (ブルガー小麦) ——250g

厚切りベーコン ————200g

なす ———————1本

ズッキーニ ——————2本

チェリートマト (ミニトマト)

——————250g

ハーブ (好みでタイム、マジョラムなど)

————20g+適宜 (仕上げ用)

オリーブオイル、塩、こしょう

——————各適量

Préparation 作り方

1 ベーコンは5mm幅くらいに切る。なすとズッキーニは1cm角に切り、チェリートマトは半分に切る。

2 鍋に湯 (材料外、適量) を沸かし、ブルグルを入れて強火で8分ほどゆで、水気を切る。

3 フライパンを中火で熱し、1のベーコンを入れて焼き色がつくまで炒める。キッチンペーパーに取って油を切る。

4 別のフライパンにオリーブオイルを入れて中火で熱し、1のなすとズッキーニを入れ、焼き色がつくまで10分ほど炒める。

5 ボウルに1のトマト、2〜4、ハーブを入れ、オリーブオイル (大さじ6) をまわしかけ、塩、こしょうをしてあえる。

6 器に盛り、好みでハーブをあしらう。

Le petit plus ひとくちメモ

修道院では祝祭日のサラダには、煎ったアーモンドスライスを加えます。

p.130-131「主の家に行こう、と人々が言った時、わたしはうれしかった」(『詩篇』121篇)。緑のオアシスのように湾内にぽっかり浮かぶモン・サン=ミシェルは、夏は砂浜を散歩しながら眺めるのがおすすめです。

TABOULÉ AU CHOU-FLEUR

カリフラワーのタブレ

6人分
調理時間30分（＋冷やす時間2時間）

Ingrédients 材料

カリフラワー ———————— ½個
きゅうり ———————— 1本
玉ねぎ ———————— 1個
ミントの葉、イタリアンパセリの葉
———————— 各1束分
レーズン ———————— 50g
チャイブの花 ———————— 適宜

A
レモン果汁 ———————— 1個分
オリーブオイル ———————— 大さじ6
塩、こしょう ———————— 各適量

Préparation 作り方

1 カリフラワーは茎を切り落として小房に分け、すりおろして粗い粒状にする。
  ❖ ミキサーにざっとかけてもよい。

2 きゅうりと玉ねぎはさいの目切りにし、ハーブ類は粗みじん切りにする。

3 ボウルに1と2、レーズンを入れ、Aを加えてあえ、冷蔵庫で2時間休ませて味をなじませる。

4 器に盛り、好みでチャイブの花をあしらう。

p.134-135 祝祭日には、喜びをより実感できるよう、修道女たちは念入りに食卓を飾りつけます。

SALADE DE SALICORNES
DE LA BAIE

シーアスパラガスのサラダ

6人分
調理時間10分

Ingrédients 材料

シーアスパラガス――――400g
トマト
　　――200g（赤、黄、緑を各適量）
エシャロット ―――――― 4個
オリーブオイル ――――― 大さじ6
シードルビネガー――――大さじ3
ハーブ、エディブルフラワー
　　―――――――――― 各適宜

Préparation 作り方

1　シーアスパラガスはよくすすぐ。トマトは4つ切りにし、エシャロット
　　は薄い輪切りにする。
　　✤シーアスパラガスはすすいだあと味を見て、塩分が強いと感じたらさっとゆでて塩
　　　抜きする。

2　ボウルに1を入れて混ぜ、オリーブオイルとシードルビネガーを加え
　　てあえる。

3　器に盛り、好みでハーブとエディブルフラワーをあしらう。

Le petit plus ひとくちメモ

シーアスパラガスは、モン・サン＝ミシェル湾の、塩気を含んだ草原に自生しています。
定期的に海水で覆われるため、かすかに磯っぽい風味があります。

p.138-139 太陽の光をたっぷり浴びたトマ
トと、湾で採れたばかりのシーアスパラ
ガス。修道女たちは、地元の旬の食材に
こだわって料理を作ります。

SOUPE DE PASTÈQUE

すいかの冷製スープ

6人分
調理時間10分（＋冷やす時間2時間）

Ingrédients 材料

すいか（小）—————— 1個
フェタチーズ—————— 100g
ミントの葉、オリーブオイル、こし
ょう————————— 各適量

Préparation 作り方

1 すいかは半分に切り、果肉をスプーンですくってボウルに入れ、種
を取り除く。ミキサーにかけてなめらかなスープ状にし、ボウルに移
して冷蔵庫で2時間冷やす。

2 フェタチーズを適宜角切りにする。

3 器に1のスープを注ぎ、2のチーズをトッピングし、こしょうをふって
オリーブオイルをまわしかけ、ミントの葉をあしらう。

　✤ パンと組みあわせればちょっとした軽食にも。

p.142 聖体拝領に参列した信者たちの讃
美歌の譜面を、マタイ、マルコ、ルカ、ヨ
ハネという4人の福音史家が見守ってい
るかのようです。

p.143 礼拝の前には、信者を祈りに誘う
ための鐘が鳴らされます。

あなたはその高殿から山に水を注ぎ、
地はあなたの御業の実りで満たされる

『詩篇』104篇13節

LASAGNES AU CHÈVRE ET AUX COURGETTES

シェーブルチーズとズッキーニのラザニア

6人分（30×30×8cmの耐熱皿1枚分）
調理時間1時間15分

Ingrédients 材料

ズッキーニ ————————— 4本
シェーブルチーズ（円筒状）
———————————————180g
モッツァレラチーズ ———— 250g
ラザニアシート —————— 100g
タイムの葉、バター ——— 各適量

ベシャメルソース

強力粉 ————————————50g
牛乳 —————————————1ℓ
バター ———————————— 40g
塩 ——————————— ひとつまみ
こしょう ——————————— 適量

Préparation 作り方

1 ベシャメルソースを作る。

　a. 鍋にバターと塩、こしょうを入れて弱めの中火にかけ、バターが溶けたら強力粉をふるい入れ、木べらで絶えずかき混ぜながらバターと粉がなじむまで炒める。

　b. 火を弱め、さらに1分ほど粉っぽさがなくなるまで炒め、鍋を火からおろす。

　c. 牛乳を少しずつ加え、泡立て器で絶えずかき立てながら、ソースをのばしていく。すべて加えたら再び火にかけ、泡立て器でかき立てながら、とろみがつくまで中火で煮る。

2 オーブンを180℃に温めておく。耐熱皿にバターを塗っておく。

3 ズッキーニを薄い輪切り、チーズ2種を輪切りにする。

4 2の耐熱皿に1のベシャメルソースを薄く広げ、ラザニアシートを1層敷き、その上に3のズッキーニを並べ、再びベシャメルソースを広げる。さらに、3のチーズ2種を並べ、タイムの葉を散らす。耐熱皿の深さに応じて、この順でさらに1、2回繰り返して層にし、チーズの層でおえるようにする。

5 180℃のオーブンで45分ほど焼く。

p.146 旅籠屋サン・アブラハムの屋根越しに望む茜色の空。エルサレム修道会が迎え入れるリトリート客は、村の中央にあるこの宿に滞在します。

TIAN DE LÉGUMES D'ÉTÉ

夏野菜のオーブン焼き

6人分
（直径30×高さ5cmの耐熱皿1枚分）
調理時間1時間5分

Ingrédients 材料

ズッキーニ（中）――――――3本
なす（小）―――――――――3本
トマト（小）――――――――6個
赤玉ねぎ――――――――――6個
タイムの葉（またはローズマリー）、
　オリーブオイル、塩、こしょう
　――――――――――各適量
タイムの花―――――――適宜

Préparation 作り方

1　オーブンを215℃に温めておく。野菜はそれぞれ厚さ5mmの輪切り
　にする。

2　耐熱皿に1の野菜を順に重なるようにして並べる。

3　水（材料外、大さじ2）をふり、オリーブオイルをたっぷりまわしかけ、
　タイムの葉を散らし、塩、こしょうをする。

4　215℃のオーブンで45分ほど焼く。

5　好みでタイムの花を飾る。

Variante アレンジ

じゃがいもやバターナッツかぼちゃ、黄玉ねぎなど、季節ごとに旬の野菜で作ってもおい
しくいただけます。

p.150-151 菜園で摘んだばかりの "季節
のアロマ" が料理の味わいを高め、食卓
を彩ります。

p.152-153 週に一度、修道院のふもとか
ら食材が巻きあげ機で運び込まれます。

SAUMON DE LA SÉLUNE

6人分
調理時間25分

セリューヌ川サーモンのロースト

Ingrédients 材料

サーモン（生）——————1.5 kg
レモン（ワックス不使用）———1個
チェリートマト（またはミニトマト）
————500 g（赤、黄を各適量）
にんにく（皮つき）————4片
オリーブオイル、粗塩、こしょう
———————各適量

Préparation 作り方

1　オーブンをグリル機能をオンにして温めておく。レモンは半分をしぼり、残りの半分は輪切りにする。

2　天板にサーモンをのせ、サーモンがこびりつかないように少量の水（材料外）を天板に注ぐ。
　✤水を注ぐ代わりに、クッキングシートを敷いてもOK。

3　サーモンに粗塩とこしょうをふり、1のレモン果汁をかけ、レモンの輪切りをのせる。

4　チェリートマトとにんにくをサーモンのまわりに広げる。

5　オリーブオイルを全体にまわしかけ、オーブンのグリル機能で15分ほど焼く。

Le petit plus ひとくちメモ

モン・サン＝ミシェル湾内に流れるセリューヌ川は、11世紀初頭までは、ブルターニュ王国とノルマンディー公国の国境をなしていました。その後、国境は数キロメートル南西のクースノン川へと移されました。セリューヌ川は魚が豊富なことから、青に銀色のサーモン2匹があしらわれた修道院の紋章が誕生したのです。

p.156-157 嵐の前の静けさ。夏の豪雨がモン・サン＝ミシェルに降り注ぐ時、大天使の剣（塔の先端）は避雷針の役割を果たします。

p.158-159 修道院の庭に咲くバラとカモミール。岩のはざまでも生命は誕生し、育まれます。

CHEESECAKE AUX FRUITS

フルーツのチーズケーキ

6人分（直径20×高さ5cmの型1台分）
調理時間50分（＋冷やす時間）

Ingrédients 材料

タルト生地
ソルトクラッカー（塩味のクラッカー）
——————————————200g
グラニュー糖——————100g
バター——————————150g

フィリング
クリームチーズ——————400g
グラニュー糖——————175g
卵——————————————4個

デコレーション
白桃——————————————1個
ネクタリン——————————1個
アプリコット————————4個
ミントの葉——————————適量

Préparation 作り方

1 オーブンを180℃に温めておく。タルト生地のバターとフィリングの
　クリームチーズは室温に戻し、やわらかくしておく。
2 タルト生地を作る。
　a. ソルトクラッカーはポリ袋に入れ、めん棒などで砕いて粉末状に
　　する。
　　❖ミキサーを使っても。
　b. ボウルにaを入れ、グラニュー糖と1のバターを加え、ゴムべらで
　　しっかりすり混ぜる。
3 型に2のタルト生地を敷き込む。
　コップの底面で生地を型の底面にのばしながら固め、側面にあがっ
　てきた生地をコップと手で固める。
　❖型はケーキを取り出しやすい底取れ式がおすすめ。
4 フィリングを作る。
　c. ボウルに卵を割り入れてほぐす。
　d. 別のボウルに1のクリームチーズを入れ、木べらでよく練り、なめ
　　らかにする。
　e. グラニュー糖とcの卵を加え、泡立て器でよく混ぜる。
5 3の型に4のフィリングを流し入れ、180℃のオーブンで30分ほど
　焼く。
6 オーブンから型を取り出し、網にのせて粗熱を取る。ラップをかけ
　て冷蔵庫でしっかり冷やす。
7 デコレーションのフルーツをくし形に切る。
8 冷蔵庫から型を取り出し、器にケーキを盛り、7のフルーツとミント
　の葉を飾る。

Variante アレンジ

季節のフルーツで作ってもおいしくいただけます。

p.162-163 潮の満ち引きによって、かりそ
めの川が湾の中を流れます。修道女たち
にとって見飽きることのない美しい光景
です。

L'INDÉMODABLE

修道女の定番ケーキ

6人分
（直径20×高さ5cmのマンケ型1台分）
調理時間1時間5分

Ingrédients 材料

ケーキ生地

薄力粉	240g
ベーキングパウダー	11g
プレーンヨーグルト	125g
ビターチョコレート（製菓用）	100g
グラニュー糖	240g
卵	3個
ひまわり油	60g
ココナッツ（シュレッド）	大さじ1
バター、塩	各適量

ココナッツムース

ココナッツ（シュレッド）	50g
ココナッツクリーム	200㎖
生クリーム	200㎖
粉砂糖	80g
アガー	2g
卵白	2個分

Préparation 作り方

1 ココナッツムースを作る。

　a. ボウルにアガーを入れ、ココナッツクリーム（少量）を加えて溶かす。

　b. 小鍋にaと残りのココナッツクリームを入れて中火にかけ、ゴムべらで混ぜながら、2分ほど沸騰させて煮溶かす。鍋を火からおろし、完全に冷めるまでおいておく。

　c. ボウルに生クリームを入れてハンドミキサーで八分立てに泡立て、最後に粉砂糖を加えてさっと混ぜる。

　d. 別のボウルに卵白を入れ、ハンドミキサーで角がしっかり立つまで泡立て、メレンゲを作る。

　e. cにbを加え、ゴムべらでボウルの底から大きく混ぜる。

　f. dのメレンゲを加え、さっくりと混ぜあわせる。

　g. ココナッツを加えてさっと混ぜ、涼しい場所においておく。

2 オーブンを180℃に温めておく。型にバターを塗っておく。

3 ケーキ生地を作る。

　h. ビターチョコレートは粗くきざむ。薄力粉とベーキングパウダーは、あわせてふるう。卵はボウルに割り入れてほぐす。

　i. ボウルにヨーグルトを入れ、グラニュー糖、hの卵、粉類、塩、ひまわり油の順で加え、その都度泡立て器でよく混ぜる。

　j. hのチョコレートを加え、ゴムべらでボウルの底から大きく混ぜる。

4 2の型に3のケーキ生地を入れ、180℃のオーブンで45分ほど焼く。

5 オーブンから型を取り出し、網にのせて冷まし、型をはずす。

6 ケーキを切り分けて器に盛り、ココナッツをふりかけ、ココナッツムースをのせる。

p.166-167 西側のテラスから捉えた、ラ・メルヴェイユのファサード。修道院の建設に使われた黄土色に輝く花崗岩は、数マイル離れたショゼー諸島で採取され、船で運ばれました。

p.168-169 巡礼者たちがモン・サン＝ミシェルに詣でるようになったのは13世紀以降のこと。そして巡礼者たちは、「ミクロ」と呼ばれる貝殻を土産に持ち帰るのが習わしでした。この伝統を守るため、修道女たちは貝殻の形をしたクッキーを生み出し、手作りしています。

人はパンのみにて生きるにあらず。
神の口から出るすべての言葉によって
生きるものである

『マタイの福音書』4章4節

TIRAMISU
AUX FRUITS ROUGES
レッドベリーのティラミス

6人分（25×21×5cmの深皿1枚分）
調理時間30分（＋冷やす時間3時間）

Ingrédients 材料

ベリー（好みでブルーベリー、ラズベ
　　リーなど）——————500g
マスカルポーネチーズ——250g
スペキュロスクッキー——200g
グラニュー糖——————100g
✤好みにあわせて半量まで減らしてもOK。
卵——————————2個
セージの葉、ジャスミンの花
　　——————————各適宜

Préparation 作り方

1　ボウル2つに卵を卵黄と卵白にそれぞれ分けて入れる。卵黄のボウ
　　ルにグラニュー糖を加えて、泡立て器で白っぽくなるまですり混ぜ
　　る。マスカルポーネチーズを加え、なめらかになるまで練るように混
　　ぜる。

2　1の卵白をハンドミキサーで角がしっかり立つまで泡立て、メレンゲ
　　を作る。

3　1の卵黄とマスカルポーネチーズのボウルに2のメレンゲを加え、
　　ゴムべらで泡をつぶさないようにさっくりと混ぜあわせる。

4　スペキュロスクッキーはポリ袋に入れ、めん棒などで粗く砕き、深皿
　　の底に敷き詰める。

5　ベリーは飾り用に少しとっておき、残りを4の上に広げる。

6　深皿に3の生地を流し入れ、ラップをかけて冷蔵庫で3時間冷やす。

7　冷蔵庫から深皿を取り出し、飾り用のベリーをトッピングし、好みで
　　セージの葉とジャスミンの花を飾る。

p.172 モン・サン＝ミシェルの夏がおわり
を迎えると、なごりのバラが庭に彩りを添
えます。

MOUSSE AU CHOCOLAT
DU DÎNER DES MONTOIS

晩餐会のムース・オ・ショコラ

6人分
（直径15×高さ7.5cmのラムカン1個分）
調理時間20分（＋冷やす時間4時間）

Ingrédients 材料

ビターチョコレート（製菓用）
―――――――――200g
生クリーム（しっかり冷やしておく）
―――――――――250ml
卵白―――――――6個分
アーモンド（スライス）―――適量

Préparation 作り方

1 ビターチョコレートを湯煎で溶かす。
   a. チョコレートは細かくきざみ、ボウルに入れる。
   b. 湯煎の最中に湯が入らないように、ひとまわり小さなボウルや鍋に50〜60℃の湯（材料外、適量）を入れてaのボウルを重ね、しばらくおいてチョコレートが溶け出したら、ゴムべらで底から大きく混ぜてゆっくり溶かしていく。
   ♣溶かしたチョコレートにインスタントコーヒー（材料外、小さじ1と½くらいを湯で溶いたもの）を加えると、より濃厚な味わいになる。

2 ボウルに生クリームを入れ、ハンドミキサーで八分立てに泡立てる。
   ♣好みで粉砂糖20g（材料外）を加えても。

3 ボウルに卵白を入れ、ハンドミキサーで角がしっかり立つまで泡立て、メレンゲを作る。

4 1のボウルに、2の生クリームを加え、ゴムべらで底から大きく混ぜる。

5 3のメレンゲを加え、ゴムべらで泡をつぶさないようにさっくりと混ぜあわせる。

6 ラムカンに5を流し入れ、冷蔵庫で少なくとも4時間冷やす。

7 フライパンにアーモンドを入れて弱火にかけ、へらで絶えず混ぜながら、きつね色になるまで煎る。バットに移して完全に冷ます。

8 冷蔵庫からラムカンを取り出し、7のアーモンドを散らす。

Le petit plus ひとくちメモ

8世紀、アヴランシュ司教のオーベールは、大天使ミカエルに敬意を表して、「モン・トンブ」と呼ばれる岩山に教会を建てさせます。最初の聖堂は、709年の10月16日に建てられました。それが今日のモン・サン＝ミシェルです。これを記念して、エルサレム修道会は、毎年10月16日に島内の住民をディナーに招待しています。彼らのお楽しみは、デザートにふるまわれるムース・オ・ショコラ。修道女の食卓に一年をとおしてしばしば登場するデザートで、修道女たちが大切にしているとっておきのレシピで作られます。

p.176 夕焼けに染まるモン・サン＝ミシェル湾の雄大な眺め。

p.177 修道女たちの慈愛に満ちたまなざしは、小さな花々にも向けられます。

RECETTES D'AUTOMNE
秋の食卓

モン・サン＝ミシェル修道院にとって、9月29日の聖ミカエル祭は、秋の訪れを意味します。夏のおわりから修道女たちは普段どおりの生活リズムに戻り、リトリート客を迎え入れるなど、慌ただしく過ごすようになります。かぼちゃやきのこ、にんじん、りんご、くるみなどを使った橙色系の料理がテーブルを彩り、とりわけ諸聖人の祝日には、手の込んだ料理が並びます。典礼的な季節である待降節（アドヴェント、クリスマス前の4週間）に入ると、商業的な暦とは対照的に修道院ではクリスマスの喜びに備えて、よりシンプルな食事をいただくようになります。

SOUPE D'ÉPINARDS
ET DE PANAIS
ほうれん草とパースニップのスープ

6人分
調理時間50分

Ingrédients 材料

ほうれん草 ———————500g

パースニップ ——————3本

✤かぶで代用可能。根セロリ、にんじん、
　れんこんでもおいしく作れる。

玉ねぎ ————————1個

水 ——————————1ℓ

野菜ブイヨン（キューブ）——1個

バター ————大さじ山盛り1

サラダほうれん草、塩、こしょう

———————————各適量

Préparation 作り方

1　パースニップと玉ねぎは皮をむき、それぞれ薄い輪切りにする。

2　鍋にバターを入れて中火で熱して溶かし、ほうれん草を入れてしん
　　なりするまで炒める。

3　1のパースニップと玉ねぎを加え、全体にバターがまわるまで炒め
　　る。

4　水を注いで野菜ブイヨンを加え、塩、こしょうをし、ふたをして30分
　　ほど煮る。

5　ハンドブレンダーまたはミキサーにかけてなめらかなスープ状にする。

6　器に盛りつけ、こしょうをふり、サラダほうれん草をあしらう。

　　✤パンと組みあわせればちょっとした軽食にも。

p.182-183 モン・サン＝ミシェルの日常風
景。秋は、夏の観光ラッシュのあとの静
けさと、冬の霜が降りる前の穏やかさが
交錯する季節。この時期の暮らしは素晴
らしいものです。

SALADE DE CAROTTES AU CUMIN

クミン風味のにんじんサラダ

Ingrédients 材料

にんじん ————————6本
赤玉ねぎ ————————2個
水 ——————————1ℓ
チャイブ（みじん切り）——大さじ2
イタリアンパセリの葉（食べやすい
　　大きさにちぎる）————大さじ1
クミンシード ——————小さじ½
エディブルフラワー（好みでパンジ
　　ーなど）、こしょう ——各適量

A
グリーンレーズン ————100g
オリーブオイル —————100㎖
ワインビネガー —————大さじ2
クミンパウダー —————小さじ
塩 ——————————適量

Préparation 作り方

1　にんじんと赤玉ねぎは皮をむき、それぞれ薄い輪切りにする。
2　鍋に1の野菜を入れ、Aを加えて水を注ぎ、強火にかける。沸騰したら火を弱め、中火で野菜がやわらかくなるまで30分ほど煮る。ざるに取って水気を切る。
3　器に盛り、クミンシードとチャイブ、イタリアンパセリを散らし、こしょうをふり、エディブルフラワーをあしらう。

Le petit plus ひとくちメモ

このサラダはひと肌くらいの温かさでも冷やしても、おいしくいただけます。

p.186「『読む』は飲む、食べる。読まない心は、食べない体のように痩せる」と、文豪ヴィクトル・ユゴーは述べています。食事中にふたりの修道女が交互に朗読。聖人伝、紀行文、時事エッセイなど、本は食事と同じく、体と心に栄養を与えてくれるものなのです。

p.187 初心者は黙食の習慣に戸惑うでしょうが、その日の会話を思い返しながら、隣人に気を配る必要性と、いつもとは異なるコミュニケーションの取り方を学ぶ機会となります。

SALADE
DE CHOU POLONAISE

ポーランド風キャベツのサラダ

6人分
調理時間15分（＋休ませる時間2時間）

Ingrédients 材料

キャベツ	½玉
にんじん	4本
赤玉ねぎ	1個
りんご	2個
イタリアンパセリの葉	適量

ドレッシング

レモン果汁	2個分
ひまわり油	大さじ6
グラニュー糖	大さじ1
塩、こしょう	各適量

Préparation 作り方

1 にんじん、赤玉ねぎ、りんごは皮をむき、それぞれ野菜スライサーで千切りにする。キャベツも千切りにする。すべての野菜をボウルに入れて軽く混ぜあわせる。

2 別のボウルにドレッシングの材料を入れて混ぜ、1の野菜にかけてまんべんなく混ぜる。そのまま少なくとも2時間おいて味をなじませる。

3 イタリアンパセリの葉を細切りにする。

4 器に2を盛りつけ、3のイタリアンパセリの葉を散らす。

Variante アレンジ

ぶどうを生のものでもドライのものでも加えれば、甘酸っぱい味わいのサラダになります。

p.190-191 石畳の小道に張り出した段々
畑から見た村の様子。

DUO BETTERAVES
ET AVOCATS

ビーツとアボカドのピュレ ヴェリーニ仕立て

6人分
（直径8×高さ9cmのグラス6個分）
調理時間1時間10分
（＋冷やす時間2時間）

Ingrédients 材料

ビーツ	3個
アボカド	3個
玉ねぎ	1個
レモン果汁	1個分
生クリーム	大さじ2
ワインビネガー（またはシードルビネガー）	小さじ1
イタリアンパセリの葉（またはコリアンダー）	1本分
酢、塩、こしょう	各適量

Préparation 作り方

1 ビーツを下ごしらえする。
   a. ビーツは皮ごと洗って泥をしっかり落とし、根元とひげ根を切り落とす。
   b. 鍋にaを入れ、かぶるくらいの水（材料外）を注ぎ、酢と塩（ともに少量）を加えて強火にかける。
   c. 沸騰したら弱火にし、竹串がすっと刺さるくらいやわらかくなるまで45〜60分ゆでる。
   d. 鍋を火からおろし、ゆで汁につけたままビーツを冷ます。
2 アボカドは半分に切り、果肉を取り出してボウルに入れる。玉ねぎは皮をむいて半分に切り、薄切りにする。
3 1のビーツの皮をむいて乱切りにし、別のボウルに残りの玉ねぎ、生クリーム、ワインビネガーと一緒に入れ、塩、こしょうをし、ハンドブレンダーかミキサーでなめらかなペースト状にする。
4 グラス6つに3を等分に分け入れる。
5 2のアボカドに2の玉ねぎの半量とレモン果汁を加え、塩、こしょうをし、ハンドブレンダーまたはミキサーでなめらかなペースト状にする。
6 4のグラスに5を等分に分け入れ、冷蔵庫で2時間冷やす。
7 冷蔵庫からグラスを取り出し、イタリアンパセリの葉を飾る。

p.194-195 「奉仕とは、行動する愛」と、カトリック系の作家ミシェル・ムニュは述べています。奉仕は、人の役に立つだけでなく、キリストが弟子たちの足を洗われたように修道女が具体的な行為をとおして愛を表現し、日常のあらゆる仕草を贈り物に変える機会でもあるのです。

PIZZA DE POLENTA
AUX CHAMPIGNONS

ポレンタのきのこピザ

6人分
（直径33×高さ3cmの耐熱皿1枚分）
調理時間50分

Ingrédients　材料

ポレンタ粉	500g
きのこ各種（好みでマッシュルーム、ひらたけ、ジロール茸など）	300g
水	1.5ℓ
チキンブイヨン（キューブ）	2個
エルブ・ド・プロヴァンス	大さじ1
シェーブル・フレ（ヤギ乳のフレッシュチーズ）	50g
にんにく	2片
バター	大さじ山盛り1
オリーブオイル	大さじ1
ベビーリーフ、塩	各適量

Préparation　作り方

1　オーブンを150℃に温めておく。きのこ類は食べやすい大きさに切る。にんにくは皮をむいてみじん切りにする。シェーブル・フレは1cm角に切る。

2　生地を作る。

　a. 鍋に水とチキンブイヨンを入れて強火で沸騰させ、ポレンタ粉とエルブ・ド・プロヴァンスを加え、木べらで底から大きく混ぜる。

　b. 再び沸騰したら火を弱め、時々木べらで混ぜながら、ポレンタ粉の袋の表示時間に従って煮る。

　c. もったりとしたクリーム状に炊きあがったら、塩を加えてひと混ぜし、火をとめる。

3　耐熱皿に2の生地を敷き詰め、押して表面をならす。

4　フライパンにバターとオリーブオイルを入れ、弱火にかけてバターを溶かす。バターが溶けたら、1のきのこ類とにんにくを加え、きのこがしんなりするまで強火で炒める。

5　3の上に4と1のチーズを広げる。

6　150℃のオーブンで10分ほど焼く。

7　オーブンから耐熱皿を取り出し、ベビーリーフをあしらう。

Variante　アレンジ

ポレンタの上にパルミジャーノ・レッジャーノをふりかければ、コクが出ておいしくいただけます。

p.198 夜の礼拝がおわると、ひとけのない修道院を静寂が包みます。

p.199 モン・サン＝ミシェル湾を茜色に染める残照。

CRUMBLE DE LÉGUMES D'AUTOMNE

秋野菜のクランブル

6人分（30×30×8cmの耐熱皿1枚分）
調理時間1時間

Ingrédients 材料

にんじん	4本
玉ねぎ	3個
かぶ（大）	2個
キクイモ	4個
ブロッコリー	1個
バターナッツかぼちゃ	½個

クランブル生地

薄力粉	200g
パルミジャーノ・レッジャーノ（すりおろす）	100g
バター	125g
エルブ・ド・プロヴァンス	小さじ3

Préparation 作り方

1 オーブンを220℃に温めておく。にんじん、玉ねぎ、かぶ、キクイモは乱切りにする。バターナッツかぼちゃは皮をむき、種とわたを取り除いて乱切りにする。ブロッコリーは茎を切り落とし、小房に分ける。クランブル生地のバターは2cm角に切ってよく冷やしておく。

2 1の野菜をやわらかくなるまで5分ほど蒸す。

3 クランブル生地を作る。

　a. ボウルに薄力粉をふるい入れ、パルミジャーノ・レッジャーノ、エルブ・ド・プロヴァンスを加え、泡立て器で混ぜあわせる。

　b. 1のバターを加え、指先でバターをすりつぶしながら粉類にからめ、そぼろ状にする。

4 耐熱皿に2の野菜を広げ、上に3のクランブル生地を手で軽く握るようにしながら全体に散らす。

5 220℃のオーブンで、きつね色の焼き色がつくまで30分ほど焼く。

Variante アレンジ

炒めたベーコンを加えると、ごちそう感がアップします。また、野菜にレーズンを加え、クランブル生地のエルブ・ド・プロヴァンスをクミンに替えれば、より華やかな味わいに。

p.202-203 昼の礼拝がはじまる前、修道女は短い間奏曲を奏でます。その調べに包まれて、信徒は深い祈りに入っていくのです。

たとえ死の谷を歩むとも、わたしは災いを恐れない。
あなたは、わたしとともにいてくださるから……
わたしのために食事を整えてくださるから

『詩篇』23篇22節

QUICHE AU POTIMARRON
かぼちゃのキッシュ

6人分
（直径30×高さ4.5cmのタルト型1台分）
調理時間1時間

Ingrédients 材料

パイ生地（直径31cmの円形、市販品）
——————————1枚（230g）

かぼちゃ（ここではポティマロンを使
用）——————500g

❖栗かぼちゃや手に入るかぼちゃで代用
可能。

卵——————————3個

牛乳（または低脂肪乳）——200㎖

松の実——————————大さじ2

ルッコラ、オリーブオイル、バター、
塩、こしょう————各適量

Préparation 作り方

1 卵は小さなボウルに割り入れてほぐす。型にバターを塗っておく。

2 パイ生地は型よりひとまわり大きくのばし、1の型に敷き込み、フォークで底面にまんべんなく穴を開ける。

3 かぼちゃは皮をむき、種とわたを取り除き、乱切りにする。やわらかくなるまで10〜15分蒸す。オーブンを200℃に温めておく。

　❖塩（適量）を加えた湯（材料外、適量）を中火で沸かし、ふたをして30分ほどゆでても。

4 ミキサーに3のかぼちゃを入れ、1の卵、牛乳を加えてペースト状になるまでまわし、塩、こしょうで味を調える。

5 2の型に4を流し入れ、200℃のオーブンで30分ほど焼く。

6 フライパンに松の実を入れて弱火にかけ、へらで絶えず混ぜながら好みの焼き色になるまで煎る。

7 器に5のキッシュを盛り、6の松の実を散らし、ルッコラをのせ、オリーブオイルをまわしかける。

Variante アレンジ

ピーラーで削ったパルミジャーノ・レッジャーノをふりかけても。

p.206 村に下る道の向こうには、霧に覆われた神秘の湾が広がっています。

CURRY DE PORC

修道女風ポークカレー

6人分
調理時間2時間

Ingrédients 材料

豚肉（肩ロース）————750g
玉ねぎ—————————4個
りんご—————————4個
白ワイン———————125mℓ
カレーパウダー————大さじ2
チキンブイヨン（キューブ）——1個
ココナッツクリーム———250mℓ
✤ヨーグルト125gで代用しても。

バスマティライス（またはワイルドラ
　イス）————————400g
オリーブオイル————大さじ1
イタリアンパセリの葉、塩、こし
　ょう————————各適量

Préparation 作り方

1　豚肉は一口大に切る。玉ねぎとりんごは皮をむき、それぞれ8等分
　にくし形に切る。バスマティライスは炊く（またはゆでる）。

2　鍋にオリーブオイルを強火で熱し、1の肉を入れて焼き色がつくまで
　炒める。

3　1の玉ねぎとりんご、カレーパウダーを加えて全体にからめるように
　炒め、白ワインを注いでチキンブイヨンを加え、塩、こしょうで味を
　調える。弱火にし、ふたをして1時間30分ほど煮込む。
　　✤途中、様子を見て水分が足りないようなら、水（材料外、適量）を加える。

4　ココナッツクリームを加え、ひと煮立ちさせる。

5　器に1のライスを盛り、4のカレーをかけ、イタリアンパセリの葉を
　あしらう。

Variante アレンジ

写真のようにココナッツ（シュレッド）のほか、レーズンなどをトッピングしても。

p.210 毎朝、修道女が、修道者やその日
のゲストとリトリート客の食事の準備にい
そしみます。料理は、修道生活の学びの
一環なのです。

p.211 巡礼者のための宿泊施設「メゾン・
デュ・ペルラン（巡礼者の家）」。スペイン
のサンティアゴ・デ・コンポステーラは、
モン・サン＝ミシェルから1656kmも離れ
ていますが、大天使ミカエルの加護のも
と、踏破する人もいます。

QUICHE FENOUIL
ET CURRY

カレー風味のフェンネルのキッシュ

6人分
（直径30×高さ4.5cmのタルト型1台分）
調理時間1時間10分

Ingrédients 材料

フェンネルの鱗茎（大）——1個
✤小さい場合、数個使用する。

練り込みパイ生地（直径31cmの円
　　形、市販品）——1枚（230g）
✤織り込みパイ生地で代用可能。

バター——————————適量

アパレイユ
卵——————————6個
牛乳——————————400mℓ
シュレッドチーズ————70g
カレーパウダー————大さじ2
塩————たっぷりひとつまみ

Préparation 作り方

1　オーブンを180℃に温めておく。フェンネルの鱗茎は6〜8つに切る。やわらかくなるまで、20分ほど蒸す。型にバターを塗っておく。

2　パイ生地は型よりひとまわり大きくのばし、1の型に敷き込み、フォークで底面にまんべんなく穴を開ける。

3　アパレイユを作る。
　　卵はボウルに割り入れてほぐし、牛乳、チーズ、カレーパウダー、塩を加え、泡立て器で混ぜる。

4　2の型に1のフェンネルをランダムに並べ、3のアパレイユを流し入れる。

5　180℃のオーブンで焼き色がつくまで40分ほど焼く。

p.214-215 西側のテラスから望む雄大な光景。日の光が、食堂の暖炉を赤く染めあげます。

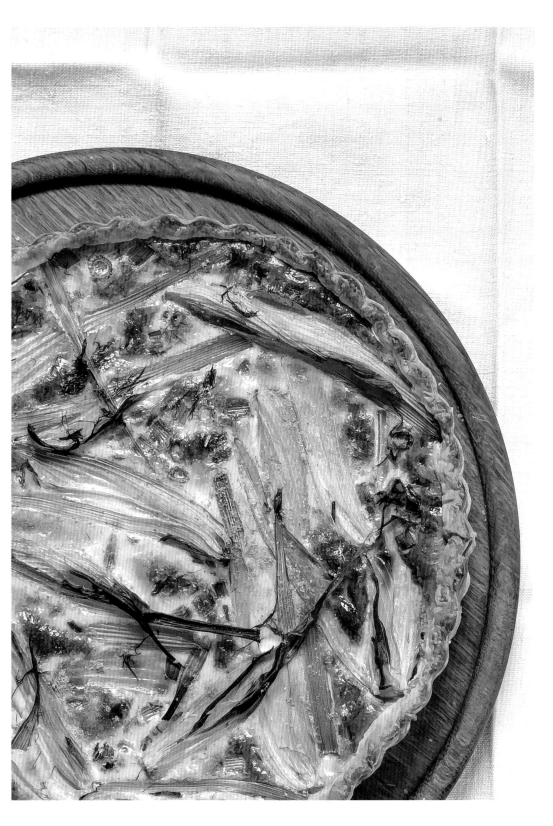

主人が来た時、
目を覚ましているのを見られる
僕は幸いなり。

はっきり言っておくが、主人は帯を締め、
わたしたちを食事の席につかせ、
給仕してくれるのだ

『ルカの福音書』12章37節

GÂTEAU DES INVITÉS

おもてなしのクッキーブラウニー

10人分（33×29×3cmの天板1枚分）
調理時間40分（＋冷やす時間12時間）

Ingrédients 材料

ブラウニー生地

薄力粉————————75g

ビターチョコレート（製菓用）

————————200g

くるみ————————100g

バター————————220g

グラニュー糖————————300g

✤好みにあわせて半量まで減らしてもOK。

卵————————4個

塩————————ひとつまみ

クッキー生地

薄力粉————————150g

バター————————100g

グラニュー糖————————120g

ベーキングパウダー————小さじ1

塩————————ひとつまみ

卵————————1個

チョコチップ（ビター、ミルク、ホワイ
ト、またはミックス）————100g

Préparation 作り方

1 オーブンを180℃に温めておく。

2 ブラウニー生地を作る。

a. 天板にクッキングシートを敷く。薄力粉はふるう。ビターチョコレ
ートとくるみは、それぞれ粗くきざむ。

b. チョコレートとバターを湯煎で溶かす。
ボウルにaのチョコレートとバターを入れる。湯煎の最中に湯が
入らないように、ひとまわり小さなボウルや鍋に50〜60℃の湯
（材料外、適量）を入れ、チョコレートとバターの入ったボウルを重
ねる。しばらくおいてチョコレートが溶け出したら、ゴムべらで底
から大きく混ぜてゆっくり溶かしていく。なめらかになるまでゴム
べらで混ぜる。

c. グラニュー糖、卵、薄力粉、塩の順に加え、粉っぽさがなくなる
までよく混ぜあわせ、aの天板に流し入れる。

3 クッキー生地を作る。

d. 別のボウルにチョコチップ以外のすべての材料を入れ、手でバタ
ーをつぶしながらよく混ぜる。

e. チョコチップを加えて混ぜる。

f. 生地をくるみ大に軽く丸め、2のブラウニー生地の上にランダム
に並べる（p.223）。

4 180℃のオーブンで20分ほど焼く。焼きあがったら、網にのせて冷
まし、冷蔵庫で少なくとも12時間冷やしてから切り分ける。

p.218 星がまたたきはじめるころ、修道士
と修道女は灯りのともされた教会で祈り
をおえ、それぞれの住まいに戻っていき
ます。

GÂTEAU NORMAND
ノルマンディー風りんごのケーキ

6人分（直径22×高さ5cmの型1台分）
調理時間1時間15分

Ingrédients 材料

ケーキ生地

りんご————————3個

薄力粉————————150g

バター

————150g＋適量（型に塗る分）

グラニュー糖————————125g

ベーキングパウダー————11g

卵————————3個

牛乳————————大さじ1

塩バターキャラメルソース
（作りやすい分量）

生クリーム————————125㎖

グラニュー糖————————100g

バター————————100g

塩————————ひとつまみ

ワッフルシュガー（あられ糖）
————————適量

Préparation 作り方

1 ケーキ生地を作る。
   a. 薄力粉とベーキングパウダーはあわせてふるう。卵は小さなボウルに割り入れてほぐす。りんごは皮をむいて4つ切りにして芯を取り、薄切りにする。型にバターを塗っておく。オーブンを180℃に温めておく。
   b. 小鍋にバターを入れて弱火で溶かし、ボウルに移す。グラニュー糖を加え、泡立て器で混ぜる。
   c. aの卵、粉類、牛乳の順に加え、その都度よく混ぜ、aの型に流し入れる。
   d. aのりんご⅔量を生地に押し込む。残りのりんごを生地の表面に並べる。
   e. 180℃のオーブンで45分ほど焼く。

2 塩バターキャラメルソースを作る。
   f. 鍋に生クリームを入れて弱火で熱し、温める。
   g. 別の鍋にグラニュー糖を入れて中火にかけ、鍋をゆすりながら濃いきつね色に色づきはじめるまで溶かす。
   h. 鍋を火からおろし、fの生クリームを注ぐ。いったん大きな泡が立つが、泡立ちが収まったらゴムべらでなめらかになるまで混ぜる。
   i. バターと塩を加え、再び弱火にかけ、バターを溶かしながら1分半から2分ほど加熱する。

3 1のケーキに2の熱々のキャラメルソース（適量）をかけ、ワッフルシュガーを散らす。

p.222-223 ぜいたくなお菓子は、日曜日や宗教行事など、特別な日のお楽しみ。

POMMES AU FOUR
焼きりんご

6人分
調理時間45分

Ingrédients 材料

りんご（大）――――――6個
パンデピス（スライス）―――6枚
アーモンド（スライス）――――150g
バター、オレンジジャム（または好
　みのジャム）――――――各大さじ6

Préparation 作り方

1　オーブンを200℃に温めておく。りんごはよく洗い、芯をくりぬく。

2　耐熱皿（30×25×5㎝）にパンデピスを並べる。

3　1のりんごを2の上に並べる。

4　りんごのくりぬいた部分にそれぞれオレンジジャム（大さじ1ずつ）を
　　詰め、バター（大さじ1ずつ）をのせる。

5　アーモンドを散らし、200℃のオーブンで30分ほど焼く。

p.226-227 修道女の住まいの中心にある
談話室。リトリート客やゲストへの鍵の受
け渡しや、各種サービスの提供、電話の
取り次ぎ、最新の活動状況に関する説明
が、真心を込めて行われます。

FROMAGE BLANC AU MIEL ET À LA CANNELLE

6人分
調理時間 10分

はちみつシナモン風味のフロマージュ・ブラン

Ingrédients　材料

フロマージュ・ブラン————1kg

シナモンパウダー

————20g＋適量（仕上げ用）

はちみつ（液状）————100g

Préparation　作り方

1　ボウルにフロマージュ・ブランを入れ、シナモンパウダーを加えて泡立て器で混ぜる。

2　器に盛りつけ、はちみつをまわしかけ、シナモンパウダーをふる。

Variante　アレンジ

煎ったアーモンドをトッピングし、クッキーを添えても。

p.230-231 ノートル＝ダム＝スー＝テールの祭壇と祈りの情景。この小さな地下礼拝堂は、モン・サン＝ミシェル修道院最古の礼拝所で、9世紀以前から巡礼地として知られていました。

INDEX DES RECETTES
料理索引

INDEX DES RECETTES VÉGÉTARIENNES

菜食料理索引

p.236 修道院の教会内に、修道女が奏でるチターハープの甘美な調べが響きます。

p.238-239 モン・サン＝ミシェルに暮らす修道女たちの生活は、四季をつうじて、祈りと労働、分かちあいが礎になっています。

REMERCIEMENTS
謝辞

この素晴らしい本の発起人であるノエル・ブノワ氏。あなたの熱意、柔軟な対応、厚い友情に感謝します。この企画への参加を快諾してくださった、ローランス・デュ・ティリー氏。季節ごとにお越しくださり、わたしたちとともに過ごしてくださいました。あなたの経験と心遣いに感謝します。編集者のボリス・ギルベール氏、並びに関わってくださったスタッフの方々。この企画を信じ、最後まで応援してくださいました。わたしたちを信頼し、耳を傾けてくださったこと、そして皆さんのプロ意識に感謝します。

この企画の実施を許可してくださった歴史的建造物センター（Centre des Monuments Nationaux）。果物や野菜、卵、ジャム、テリーヌ、シードル、りんごジュース、はちみつなど、地元の産物をいつもおすそ分けしてくださるすべての方たち。その寛大さと厚い友情に感謝します。

エルサレム修道会の兄弟姉妹たち。わたしたちは、オープンで友愛に満ちた食卓の美しさをともに享受しました。

そして最後に。健康的でおいしく、家庭的な料理の味を、わたしたちに伝えてくださった皆様に感謝いたします。

これらすべてについて、わたしたちは神に感謝します。

「すべての生きとし生けるものが 主をたたえますように！」

『詩篇』150篇6節

モン・サン＝ミシェル修道女一同

著者　ローランス・デュ・ティリー

さまざまな世界的ブランドの広告に携わったのち、フードスタイリスト、ライフスタイリストに転身し、食やライフスタイルにまつわる雑誌や書籍、広告の世界で活躍。また、フードライター、フォトグラファーとして、多数のレシピ本を執筆。2015年には“美しいもの”と“生活芸術”への情熱が高じ、フランスのノルマンディー地方カーンにゲストハウス「Chez Laurence du Tilly」をオープン。家具やインテリアアイテムのオリジナルブランド「by/ laurence du tilly」も立ちあげ、クリエイティブディレクターを務める。
https://www.laurencedutilly.fr/

監修　松岡由希子

お菓子・料理研究家。商社勤務を経てル・コルドン・ブルー パリ校に留学し、製菓・料理のグランディプロムを取得。パリのホテル・ドゥ・クリヨンなどで研鑽を積み、帰国後、ル・コルドン・ブルー 日本校にてアシスタント、通訳として8年間勤務。2012年にフランスのブルターニュ地方に移住し、ショコラトリー、パティスリー、サロン・ド・テの企画運営に10年間携わる。現在、オンラインClass101で「おうちで作れる本格フランス菓子とスタイリング講座」を開催中。
https://www.instagram.com/yukiko_light/
https://class101.net/ja/products/637f4aad5bf0a70015ffa192

モン・サン＝ミシェルの修道女
四季の食事とていねいな暮らし

2023年8月25日　初版第1刷発行
2023年12月25日　初版第2刷発行

著者／ローランス・デュ・ティリー（©Laurence du Tilly）
発行者／西川正伸
発行所／株式会社グラフィック社
〒102-0073 東京都千代田区九段北1-14-17
Phone. 03-3263-4318　Fax. 03-3263-5297
https://www.graphicsha.co.jp

制作スタッフ
監修／松岡由希子
翻訳／柴田里芽
デザイン／田村奈緒
校正／新宮尚子
編集／鶴留聖代
制作・進行／本木貴子・三逵真智子（グラフィック社）
印刷・製本／図書印刷株式会社

ISBN 978-4-7661-3778-1 C2077
Printed in Japan

MONT-SAINT-MICHEL
À LA TABLE DES SŒURS

© 2022, Hachette Livre (Hachette Pratique)
Author : Laurence du Tilly
Direction : Catherine Saunier-Talec
Responsable éditorial : Boris Guilbert
Direction artistique : Charles Ameline
Conception et réalisation graphique :
Isabelle Ducat
Relecture : Sylvie Kempler
Fabrication : Cécile Alexandre-Tabouy
Photogravure : IGS, France

Édité par Hachette Pratique
58, rue Jean-Bleuzen
92178 Vanves Cedex

This Japanese edition was produced and published in Japan in 2023
by Graphic-sha Publishing Co., Ltd.
1-14-17 Kudankita, Chiyodaku,
Tokyo 102-0073, Japan

Japanese translation © 2023 Graphic-sha
Publishing Co., Ltd.